성경 66권 핵심강해 설교

성경 66권 핵심강해 설교

부록 : 신앙생활의 규범과 칼럼

신성종 목사 저

도서출판 한글

찬송하는 삶에서 천국생활을 하자

신성종(크리스천 문학나무 편집인)

이 세상에서 제일 불행한 사람은 노래가 없는 사람이다. 이것은 신앙생활에서도 마찬가지이다. 찬송은 입술의 열매요, 소망을 가진 자의 보증수표이다. 시편에 보면 하나님은 이스라엘의 찬송 중에 거하신다고 하였다. 우리가 다 취미가 있듯이 하나님께도 삼대 취미가 있다. 첫째는 창조요 둘째는 재생케 하시는 것이요 셋째는 찬송이다. 하나님이 얼마나 찬송을 좋아하느냐 하면 세상 만물을 창조하기 전에 하늘의 성가대인 천군 천사들을 먼저 창조하셨다. 그뿐만 아니라 세상의 모든 것들이 다 찬송을 하도록 만드셨다. 눈을 들어 하늘을 보라. 음악에 도취한 지휘자의 손처럼 음악적으로 아름답게 율동하고 있는 구름을 볼 수 있을 것이다. 또 조금만 귀 기울여 보라. 꾀꼬리는 소프라노, 매미는 알토, 나무 가지로 지나가는 바람은 테너, 까마귀는 베이스. 어디 그뿐인가? 산에서 흐르는 물소리며 바다의 파도소리며 모두 다 하나의 웅장한 오케스트라이다.

그러나 그 중에서도 사람은 최고의 악기이다. 그러므로 찬송이 없는 인생은 무의미한 것이다. 그러나 소리로만 찬송을 하는 것은 아니다.

나는 예배드릴 때마다 말을 하지 못하는 장애자들이 손으로, 아니 온 몸으로 찬송을 부르는 것을 보면서 감동을 받고는 한다. 그러므로 하나님이 우리들에게 찬송 부를 수 있는 기회를 주셨을 때 우리는 마음껏 하나님께 영광을 돌려야 한다.

내가 은혜 받은 찬송은 무엇인가? 찬송은 나이와 형편에 따라 변하는가 보다. 처음 내가 예수 믿고 나서는 "성자의 귀한 몸 날 위하여"나 "예수로 나의 구주삼고", "나의 갈 길 다가도록", "하늘가는 밝은 길이" 등 주로 은혜찬송을 좋아했다. 그러나 내가 성장하면서 환난을 당하는 일이 많아지면서 "내 진정 사도는"이라든지 "주여 뜻대로 행하시옵소서" 등을 많이 부르게 되었다. 그러나 하나를 꼭 집어서 말한다면 347장의 "겸손히 주를 섬길 때"를 꼽을 수 있다. 이 찬송은 나의 목회찬송이라고 할 수 있기 때문이다.

목회를 하다 보니 왜 그렇게 시험이 많고, 가시가 많고, 염소가 많은지 모르겠다. 어떤 때에는 주여 차라리 나를 데려 가옵소서 하고 기도할 때도 있다. 그러나 지나고 나면 다 합력해서 선을 이루는 것을 보면서 왜 나는 이렇게 참지를 못하는가 하고 후회를 할 때도 많다. 나는 성도들에게 가능하면 찬송을 외워서 하라고 가르친다. 악보와 가사를 보고 하는 것과 외워서 하는 것 사이에는 많은 차이가 있기 때문이다. 보고서 부르면 입술로 끝나고 말지만 외워서 부르면 각자의 간증이 되고 고백이 되고 마침내는 눈물이 되고 은혜가 된다.

겸손히 주를 섬길 때 괴로운 일이 많으나 구주여 내게 힘 주사 잘 감당하게 하소서

인자한 말을 가지고 사람을 감화시키며 갈 길을 잃은 무리를 잘 인도하게 하소서

구주의 귀한 인내를 깨달아 알게 하시고 굳건한 믿음 주셔서 늘 승

리하게 하소서

　장래의 영광 비추사 소망이 되게 하시며 구주와 함께 살면서 참 평
강 얻게 하소서(347장)

　347장은 나그네 인생 속에서 괴로운 일이 얼마나 많다는 것을 말해
준다. 그러나 주님이 힘을 주시면 잘 감당할 수 있다는 확신이 1절에
잘 나타나고 있다. 2절은 내가 제일 많이 하는 기도제목이다. 말을 많
이 하는 목사요 교수이기 때문인지 모르지만 항상 구설수가 많다. 그
래서 야고보는 선생이 되지 말라(약3:1)고 권면했는지도 모른다. 정말
혀를 바로 관리하고, 사용할 줄 안다면 그는 온전한 사람이다. 그래서
나는 주여 내 혀를 재갈먹여주옵소서 하고 기도한다. 혀가 불처럼 위
험하지만 그러나 그럼에도 불구하고 말을 통해서 교인들을 가르치고
인도해야 하는 것이 목회자의 삶이다. 교인들은 역시 이 입을 통해 나
오는 하나님의 말씀으로 은혜를 받고, 위로를 받고, 인도함을 받기 때
문이다. "인자한 말을 가지고, 사람을 감화시키며 갈 길을 잃은 무리를
잘 인도하게 하소서", 나는 이 찬송의 2절에 이르면 언제나 눈물이 난
다. 그래서 나의 목회철학으로 에베소서 4장 12절의 말씀을 정하고 목
회를 하고 있다. 거기에 보면 세 가지를 언급하고 있다. 첫째는 성도를
온전케 하는 것이라고 하였고, 둘째는 이웃에 대한 관심을 가지고 섬
기는 종의 삶을 살도록 하는 것이라고 하였고, 셋째는 개인주의적 삶
이 아니라 공동체적 삶을 이루도록 하라는 것이다.
　목회자에게 제일 어려운 것은 참는 일이다. 그래서 나는 요한복음
12:24절의 말씀을 좋아한다. 이 구절에서 목회의 성공의 비결을 발견
하였기 때문이다. 그것은 바로 나 자신을 죽이는 일이다. 한 알의 밀처
럼 땅에 묻히는 것이다. 사실 죽은 자는 말이 없고, 자신을 위한 욕심

이 없으며, 묻힌 자는 남에게 밟혀도 불평 없이 참을 수 있다. 그래서 목회자는 자신을 죽여야 하는 것이다. 그런데 나는 아직도 혈기가 있고, 욕심이 있고, 변명이 있다. 그래서 3절을 부르면서 회개를 한다. "구주의 귀한 인내를 깨달아 알게 하시고, 굳건한 믿음 주셔서 늘 승리하게 하소서." 오 주여 나도 바울처럼 날마다 죽게 하옵소서.

찬송가를 보면 마지막 절은 언제든지 천국에 대한 소망이나 위를 바라보게 하는 구절로 끝난다. 347장도 마찬가지이다. "장래의 영광 비추사 소망이 되게 하시며 구주와 함께 살면서 참 평강 얻게 하소서." 이 구절처럼 우리에게 천국의 소망이 없다면 나는 목회를 할 마음이 없다. 그러나 내 생명이 끝날 때 소망과 상급이 기다리고 있기에 다시 태어나도 나는 목회를 하고 싶고, 그래서 역경 중에서도 긍지를 느끼면서 목회를 한다.

만약 찬송이 없다면 이 세상은 얼마나 암담하고 고통의 가시밭길일까? 그래서 나는 지금 이 글을 쓰고 있는 순간에도 찬송을 주신 하나님을 찬송한다. 나는 자주 기도 중에 내 찬송을 듣기를 원하시는 하나님의 인자한 음성을 듣는다.

"성종아, 네 노래가 듣고 싶구나. 찬송 하나 부르렴."

"네, 주님. 무슨 찬송을 부를까요?"

때로는 경중경중 뜀박질하는 마음으로, 때로는 밀려오는 파도처럼 내 영혼에 휘몰아치는 구원과 베푸신 은총에 대한 감격으로, 때로는 주님의 십자가를 생각하며 가슴 찢어지는 통증을 뜨거운 눈물에 실어서 찬송을 한다.

"이와 같은 때엔 난 노래하네. 사랑을 노래하네 주님께. 주님 사랑해요. 주님 사랑해요. 주님 사랑해요.

목 차

강해 설교는 어떻게 할 것인가?

강해설교만이 좋은 것은 아니다. 모든 설교는 다 그 나름대로 장단점이 있다. 그러나 구태여 강해설교를 추천하는 것은 이 시대의 흐름이 제목설교와 본문설교에서 강해설교의 방향으로 흐르기 때문이다.

1. 무엇이 강해설교인가?

먼저 설교가 무엇인가부터 살펴보자. 설교란 목회자가 성경과 청중을 연결시켜주는 일이다. 이때 중요한 것은 본문의 Meaning(저자의 의미)을 Significance(오늘의 의미)로 변화시켜주는 것이다. 이것이 바로 적용이고 설교이다.

설교에는 여러 가지의 형태가 있다.

첫째는 우리에게 가장 익숙한 제목설교가 있다. 제목에 따라 성경의 여기저기를 뽑아서 연역적으로 전개하는 것이다. 절기설교에 좋으며 빌리 그래함과 조용기 목사가 가장 대표적인 인물이다. 이 설교의 약점은 설교자에 따라 본문의 뜻을 벗어나는 인위적인 면이 많다는 점이다.

둘째는 본문설교가 있다. 본문을 짧게 정한 후에 주제와 대지를 본문에서 끄집어내어 하는 방법이다. 문제점은 본문을 짧게 하기 때문에 문맥을 무시하기 쉽다. 본문에서 그 의미를 끄집어내기보다는 내용을 본문에 강요하기 쉽다는 데 있다. 가장 대표적인 인물이 스펄전이다.

셋째는 강해설교가 있다. 강해란 말은 본래 Expository Preaching을 말한다. 강해설교란 말씀의 본래적 의미를 밝힌 후 그것에 근거하여 우리의 삶의 의미를 가르치는 설교를 말한다. 강해설교냐 아니냐를 결정짓는 것은 본문을 어떻게 취급하느냐에 따라서 결정된다. 따라서 강해설교가 되려면

① 성경의 본문이 있어야 하고,

② 그 본문에 대한 저자의 의미(Meaning)가 설명되어야 하고,

③ 본문의 진리가 선포되어야 하고,

④ 그 진리가 주제 중심으로 조직되어야 하고,

⑤ 설교의 주제가 성도들의 삶에 구체적으로 적용되어야 한다. 대표적 인물로는 이동원, 하용조 목사이다.

2. 왜 하필이면 강해설교인가?

강해설교의 장점은

① 하나님의 말씀을 배우게 되고,

② 설교자의 주관을 극복하게 해주고,

③ 설교의 편식을 없애주고,

④ 본문 선택의 어려움을 제거시켜 준다.

강해설교의 단점은

① 성경공부처럼 메마르기 쉽고,

② 흥미를 잃기 쉽고,

③ 설교의 통일성이 결여되기 쉽고,

④ 현실성이 약하기 쉽고,

⑤ 감성적인 면(성령의 역사)이 약하다는 데 있다.

3. 어떻게 강해설교를 할 것인가?

(1) 먼저 본문 선택과 묵상이 있어야 한다.

(2) 본문에 대한 연구를 하라. 즉 배경과 본문을 구성하고 있는 용어와 문학의 장르를 연구하라. 관주를 참고하라.

(3) 설교의 골격을 형성한다. 먼저 제목, 본문의 요약, 목표의 설정, 대지의 설정, 연관성과 통일성을 갖도록 하며 점진적으로 진행한다.

(4) 서론과 결론을 작성한다.

(5) 예화의 선택

4. 강해설교를 위해서 준비해야 할 것은 무엇인가?

(1) 강해 설교할 본문을 선택하되, 먼저 교회의 형편에 따라 선택하라. 절기에 따라 선택하라. 그리고 준비된 자료에 따라 선택하라.

(2) 귀납적 성경해석의 방법을 익혀라. 강해설교의 승패는 바로 여기에 있다.

설교에는 연역법과 귀납법의 두 가지 방법이 있다. 연역법이란 일반적 원리에서 시작하여 특수상황에 적용시키는 것을 말한다. 제목설교는 이 연역법을 사용한다. 귀납법이란 특수한 상황에서 일반적 원리를 유추해 가는 것이다. 강해설교는 귀납적 방법을 활용한다.

귀납적 방법은 세 가지 단계로 진행한다.

① 관찰 : 먼저 구조적 관찰을 한다. 육하원칙(누가, 언제, 어디서, 무엇을, 어떻게, 왜)에 따라서 사건들을 관찰한다. 다음 용어들의 의미

를 관찰한다.

② 해석은 전체에서 부분으로 진행하며 저자의 의도에 따라 한다. 절대로 억지로 해서는 안 된다.

③ 적용은 귀납적 해석의 중요한 부분이다. 3P(possible, practical, personal)를 찾고, 다음으로 '피.지.예.지.명'을 찾는다.

강해설교의 골격은

1) 장의 제목,

2) 중심구절,

3) 내용설명으로 진행한다. 연역법과 귀납법의 차이점은 무엇인가? 연역법은 먼저 대답하고 설명을 하지만, 귀납법은 질문을 하고 대답을 이끌어낸다(탐구). 연역법은 폐쇄적이지만, 귀납법은 개방적이고, 창조적인 면이 있다. 연역법에는 교인들의 참여가 있고, 대화적인 면에 있는 것이 특색이다.

(3) 예화 활용

예화를 수집해서 분류해 두라. 예화는 강해설교에서 음식의 반찬처럼 맛을 내게 한다.

예화는 3가지 방법이 있다. 첫째로 일상생활에서 수집하라. 둘째로 성경에서 수집하라. 셋째로 책이나 인터넷이나 예화집에서 수집하라.

예화 사용에 있어서 어떤 것을 선택할 것인가? 예화는

① 사실일수록 설득력이 있다.

② 설명하려는 진리와 부합하여야 한다.

③ 되도록 짧은 예화가 좋다.

5. 전달방법

설교의 내용이 아무리 좋아도 전달방법이 나쁘면 효과가 없다. 목회경력이 많은 사람들의 장점은 바로 이 전달방법에 능숙하다는 점이다. 전달방법에는 5가지가 있다.

(1) 원고 낭독형

장점은 불안하지 않다. 그러나 'eye-contact'이 어렵다.

(2) 원고 암기형

장점은 기억력의 증진이다. 그러나 잊어버리는 것에 대한 불안감이 있다. ex) 한경직 목사.

(3) 자유 전달형

직관력과 순발력이 깊은 사람들이 사용한다. 그러나 표현과 문학성이 떨어지는 약점이 있다. ex) 부흥사들.

(4) 대지 전달형

설교 요지만 가지고 한다. 제이 아담스의 방법이다.ex) 곽선희 목사

(5) 숙지 전달형

원고를 완전히 소화한 후에 원고 없이 한다.

가장 좋은 방법은 네 번째 방법이다. 그러나 각 방법에는 장단점이 있기 때문에 여러 가지의 방법을 사용해본 후에 자신의 방법을 결정하는 것이 좋다.

끝으로 설교는 어떤 방법을 사용하든지 중요한 것은 성령의 역사가 있어야 한다. 그것은 기도생활의 깊이에 따라 일어난다.

신약성경 강해

공관복음서는 어떤 책인가?

신약성경을 열어 보면 제일 먼저 네 개의 복음서가 나온다. 그 중에 앞에 나오는 마태, 마가, 누가의 세 복음서를 공관복음서라고 부른다. 요한복음과는 달리 이 세 복음서를 공관복음서라고 부르는 이유는 그리스도의 생애에 대해 보는 관점이 같기 때문이다. 본래 복음이란 말은 '좋은 소식', 혹은 '기쁜 소식'이란 말인데 헬라어의 뜻은 좋은 소식을 가져오는 사람이란 말이다.

공관복음이 그리스도의 활동을 갈릴리를 중심으로 묘사하고 있다면 요한복음은 유대 땅을 중심으로 묘사하고 있다. 그리고 내용도 공관복음서가 이적과 비유와 설교를 중심으로 기록하고 있는데 반해서 요한복음은 그리스도의 보다 깊은 추상적 설교와 대화, 기도를 중심으로 기록하고 있다.

요한계시록 4장 7절에 보면 네 생물이 나온다. 첫째는 사자 같고, 둘째는 송아지 같고, 셋째는 사람 같고, 넷째는 독수리와 같다고 하였다. 그런데 신약의 네 복음서의 성격이 바로 이 네 생물과 같다. 즉 마태복음은 일명 사자복음이라고 하고, 마가복음은 송아지복음, 누가복음은 인자(사람)복음, 요한복음은 독수리복음이라고 부른다.

그 이유는 사자는 동물의 왕으로서 마태복음은 왕으로 오신 주님의 모습을 묘사하고 있고, 송아지는 가축의 왕으로서 마가복음은 종으로 오신 주님을 묘사하고 있기 때문이다. 누가복음은 인자로 오신 주님의 모습을 묘사하고 있고, 요한복음은 새들의 왕인 독수리로 묘사한 것은 예수님의 하나님의 아들 되심을 묘사하고 있기 때문이다.

이것은 복음서의 구성과 성격을 찾아보아도 자세히 알 수 있다. 예를 들면 마태복음을 보면 왕으로서의 족보에서 시작하여 왕으로서의 삶과 왕으로서의 죽음과 장사 등 모든 면에서 예수님을 왕으로서 묘사하고 있는 것이다.

반대로 가장 먼저 기록된 마가복음을 보면 종으로서의 예수님의 희생이 아주 잘 묘사되고 있다. 그래서 마가복음에는 예수님의 족보가 없다. 왜냐하면 종으로 오셨기 때문이다.

그러나 누가복음을 펼쳐보면 예수님의 인류애가 너무도 생생하게 묘사되고 있다. 심지어 족보도 마태복음과 달리 거꾸로 나열되어 있고, 하나님으로 끝난다. 아기 예수님의 탄생기사도 특색이 있는데 마태복음에는 동방박사들이 황금(왕으로서의 예물), 유향(제사장으로서의 예물), 몰약(구주로서의 예물)을 가지고 왔다.

이것은 그리스도의 왕 되심을 강조한 것이다. 그러나 누가복음에 보면 아기 예수님의 탄생이 목자들에게 제일 먼저 알려지고 있다. 당시 목자들은 안식일을 지키지 않고, 이방인의 뜰에 갔다가 온 후에도 발의 먼지를 털지 않는다고 죄인시 당했던 사람들이란 점을 유의해 보면 복음서의 성격을 금방 알 수가 있다.

그러면 공관복음서를 여는 열쇠는 무엇인가? 그것은 마태복음 1장 1절에 나오는 "아브라함과 다윗의 자손 예수 그리스도의 세계(世系)라"는 말씀이다.

다시 말하면 예수님의 왕가로서의 가계를 묘사하는 데서 시작하고 있다. 특별히 아브라함과 다윗이 제일 앞에 나오는 것은 하나님께서 그들에게 메시야가 오실 것을 예언하였고, 언약을 맺으셨기 때문이다.

그러나 예수님의 하나님의 아들 되심을 묘사한 요한복음에는 그의 가계로부터 시작하지 않고, "태초에 말씀이 계시니라"는 말씀으로 시작되고 있다. 이것은 그리스도를 하나님으로 묘사하기 위해서이다.

마태복음은 어떤 책인가?

신약성경에 제일 앞에 나오는 마태복음은 처음 대하는 사람들에게는 아주 지루하게 느껴지는 책이다. 뭐가 그렇게도 낳고 낳고가 많은지 한참 읽다가 보면 그만 낳고가 놓고로 변하여 책을 놓고 다음에는 책을 덮고 만다.

그러나 마태복음의 예수님의 족보는 이것이 유대인을 위한 복음서라는 것을 알 때 그 의미를 깨닫게 된다. 유대인들은 우리 한국 사람들처럼 족보에 대한 강조가 유별나서 그것을 산헤드린 공회에서 관리를 할 정도였다.

이렇게 볼 때에 유대인의 왕으로 오신 예수님의 족보를 제일 앞에 기록하고 있는 것은 당연하다.

마태복음은 세리 출신의 마태(하나님의 선물이란 뜻)란 제자가 기록하였다. 마태복음이란 말은 마태가 기록한 복음서란 뜻이다. 마태복음은 "아브라함과 다윗의 자손 예수 그리스도의 세계"라는 말씀으로 시작하고 있다. 여기서 세계란 말은 세상이란 뜻이 아니고, 세계(世系) 즉 족보란 뜻이다.

왜 그러면 마태는 아브라함과 다윗의 자손이란 말에서 시작하고 있는 것일까? 그것은 그 대상이 유대인들이기 때문에 메시아이신 예수님은 아브라함에게 약속하시고, 다윗에게 다시 약속하신 바로 그분이란 것을 강조하기 위해서이다. 다시 말해서 마태는 예수 그리스도를 약속된 메시아로 기록하고 있는 것이다.

마태복음은 제일 앞부분에 나오기 때문에 모든 복음서 중에서 제일 먼저 기록된 것으로 오랫동안 생각되었으나 사실은 마가복음보다 늦게 기록된 책이다. 마태복음은 랍비적 관점에서 기록되었기 때문에 예수님의 교훈에 강조점을 두고 있는 것이 특색이다.

그래서 사복음서 중에서 가장 소중하게 여겨져 왔고, 사랑을 받고 있는 책이기도 하다. 마태복음은 유대인의 복음서이기 때문에 예수님을 구약의 모세와 비교한 부분이 많다. 모세오경과 비교하여 예수님의 교훈을 다섯 부분으로 모아 기록하기도 하였다.

그 중에서도 첫 부분에 나오는 마태복음 5장, 6장, 7장의 산상수훈은 그리스도인들에게 가장 중요한 윤리적 교훈으로 여겨져 온 부분이다. 톨스토이 같은 분은 산상수훈만 있으면 그것으로 족하다고 할 정도로 찬양하기도 하였다.

그러면 마태복음의 핵심은 무엇인가? 천국이란 말이다. 마태복음에는 나라란 말이 무려 55번이나 나오고, 천국이란 말은 35회 나온다. 또 마태복음에 기록된 15가지의 비유 중에서 3가지만을 제외하고는 다 "천국은 마치……와 같아서"란 말로 시작하고 있다. 그런데 마가복음이나 누가복음에는 천국이란 말보다는 하나님의 나라란 말을 더 사용하고 있다. 무엇 때문인가? 그것은 유대인들은 하나님의 이름을 부르는 것을 금기사항으로 여겨져 왔기 때문에 유대인을 위한 복음서인 마태복음은 하나님의 나라란 말을 가능한 자제하고 있는 것이다. 그래서 간접적 표현인 하늘나라 즉 천국이란 말을 사용하고 있다.

예수님의 설교를 보면 처음 설교도 천국이 가까웠다고 하시면서 회개하고 복음을 믿으라는 말씀으로 시작하고 있고, 그의 마지막 설교도 천국에 관한 것이었으며 그의 공생애 3년간의 설교의 주된 내용도 바로 천국복음이었던 것이다. 그러면 천국이란 무슨 뜻인가? 당시 유대인들은 신정왕국의 역사를 가지고 있었기 때문에 이 단어의 설명이 필요치 않았다. 그러나 예수님의 제자들을 보면 천국의 개념에 대해 오해한 부분이 많았다. 본래 천국이란 개념은 하나님의 통치란 뜻이다. 따라서 가장 작은 의미의 천국은 바로 예수님 자신이다. 따라서 마음의 천국은 중요한 것이다.

그러나 마태복음에 기록된 천국의 개념은 그보다 훨씬 더 깊은 것이다. 우리는 이것을 두 가지 개념을 가지고 보아야 한다. 하나는 단순히 하나님의 통치란 뜻으로 사용할 때가 있고, 다른 하나는 하나님의 통치가 완성된 지리적 의미로 사용할 때가 있는 것이다. 그래서 천국은 이미(already) 왔고 또 그러면서도 아직(not yet) 완성되지 않은 나라인 것이다.

마가복음은 어떤 책인가?

사복음서 가운데서 가장 짧은 책이 바로 마가복음이다. 마가복음은 제일 먼저 기록되었으며 30분이면 누구나 읽을 수 있기 때문에 초신자들이 제일 먼저 읽으면 좋다. 이 책이 기록된 목적은 10장 45절에 나온다. "인자의 온 것은 섬김을 받으려 함이 아니라 도리어 섬기려 하고 자기 목숨을 많은 사람의 대속물로 주려 함이니라" 마가는 마태와는 달리 예수님이 말씀을 기록하기보다는 그의 행적을 중심으로 기록하였다. 마가복음은 유대인들보다는 이방인들, 그 중에서도 로마인들을 위한 복음서이다. 당시 로마인들은 종교는 실제적인 것이라야 한다고 생각했다. 이들은 율법이나 예언에 대해서 냉담했다. 그래서 로마인들을 위한 복음서인 마가복음은 예수님의 행적에 큰 관심을 가지고 기록하고 있다.

마가는 예수님의 30년간의 생애에 대하여는 별로 관심을 가지고 있지 않다. 다만 공생에서의 행적에 대해서 깊은 관심을 가지고 기록하고 있는 것이다. 마가복음의 기록자인 마가의 본 이름은 요한 마가로서 그는 본래 예수님의 70인 제자 가운데 하나였을 것으로 보인다.

예수님이 잡혀갈 때 홑이불을 덮고 자고 있다가 급해서 도망을 간 소위 스트리킹의 원조(?)이기도 하다. 그는 바울과 함께 선교 여행을 갔다가 중간에서 그만두어 바울과 갈라지기도 했던 그런 과거를 가진 사람이지만, 그러나 마가복음을 기록한 것을 보면 그의 나중 생활을 짐작할 수 있다.

마가의 기독론은 1장 1절에 잘 나타난다. "하나님의 아들 예수 그리스도 복음의 시작이라" 즉 예수님을 하나님의 아들로 묘사하고 있는 것이다. 이것을 증명하기 위해서 마가는 예수님의 행적을 기록한 것이다.

마가복음은 간결체로 되어 있다. 그래서 헬라어를 공부할 때 주로 마가복음을 가지고 공부한다. 마가복음에는 '그리고', '즉시'란 말이 자주 나오며 아람어가 많이 나오는 것이 특징이다.

예를 들면 보아너게(3:17), 달리다굼(5:14), 에바다(7:34), 아바(14:36), 엘리 엘리 라마 사박다니(15:34) 등이다. 마태복음이나 누가복음에 비하여 구약의 인용이 적고, 유대인들의 생활관습에 관한 언급이 비교적 적다. 마가가 가장 많은 지면을 할애한 것은 공생애의 마지막 수난 주간에 관한 것으로 복음서 전체의 삼분의 일이나 기록하고 있다.

마가복음에서 문제가 되는 것은 마가복음의 마지막이 어디서 끝나는가이다. 두 가지의 견해가 있는데 하나는 16장 8절에서 끝난다는 견해이고, 다른 하나는 지금의 성경대로 20절에서 끝난다는 견해이다. 문제는 가장 권위가 있는 고대 사본에 9절에서 20절이 나오지 않는다는 점이다. 심지어 클레멘트나 오리겐의 사본에도 나오지 않는다. 그래서 학자들은 아마도 2세기에 어느 독자가 마가복음에 부활의 주님에 관한 기록이 없고 승천에 관한 기록이 없어서 다른 복음서와 사도행전을 중심으로 첨부한 것이 아닌가하는 학설이다.

누가복음은 어떤 책인가?

신약의 인물들 가운데 가장 긴 글을 쓴 사람은 바로 누가라고 하는 의사이다. 그는 누가복음과 사도행전을 기록하였다. 골로새서에 보면 누가복음의 저자를 "사랑을 받는 의원 누가"(4:14)라고 하였고, 무라토리 정경에는 의사였으며 바울의 동역자인 누가라고 기록하고 있다.

나는 누가복음을 아주 좋아한다. 왜냐하면 누가복음은 소외된 자들과 여성들에 대한 관심이 많을 뿐 아니라 이방인들에 대한 보편주의적 관심이 많은 책이기 때문이다. 필자는 누가복음 중에서도 15장을 가장 좋아한다.

거기에는 세 가지의 비유가 나온다. 잃은 양 비유, 잃은 돈 비유, 특별히 탕자의 비유(15:11-32)가 있다. 탕자의 비유는 기다리는 아버지의 사랑을 기록한 기독교의 사랑의 대헌장이라고 할 수 있는 비유이다. 또 19장에 나오는 삭개오의 이야기는 당시 지탄의 대상이었던 세관원에 대한 주님의 사랑을 보여줄 뿐 아니라 주님을 만난 자의 변화되는 모습을 잘 보여준다. 주님을 만난 후에 삭개오는 자신의 재산의 절반을 주님을 위해 바칠 뿐만 아니라 토색한 것이 있을 때에는 사배나 갚겠다고 했다. 이것을 보면 우리의 회개는 어쩌면 그 대가를 지불하지 않는 값싼 회개가 아닌지 모르겠다.

기록자인 누가는 누가복음과 사도행전의 두 권의 책을 썼는데 둘 다 데오빌로 각하에게 보낸 것으로 되어 있다. 우리는 데오빌로가 누구인지, 또 왜 그에게 이 두 권의 책을 기록했는지 분명하게는 알 수 없지만 전설에 의하면 누가는 본래 데오빌로의 종이며 의사였다고 한다. 그런데 데오빌로가 생명이 위험했을 때 그를 구해주었고, 이때 자유를 얻은 누가는 마침내 예수님의 70인 제자중 하나가 되었다. 그는 이 두 권의 책을 쓴 후에 그에게 육체적 자유를 준 데오빌로에게 보다 중요한 참 자유를 주신 주님을 소개했다는 것이다. 우리는 이것이 어느 정도의 역사성을 가지고 있는지는 알 수 없지만 누가와 데오빌로와의 관계를 이해하는데 중요한 자료가 된다.

누가복음은 예수님의 지상선교를 중심으로 기록하고 있고, 사도행전은 예수님의 천상선교를 중심으로 기록하고 있는 것이 특징이다. 누가복음을 흔히 헬라인을 위한 복음서라고 부른다. 다른 복음서에 없는 내용으로는 2장에 예수님의 어린 시절에 관한 기록이 나온다. 족보도 마태복음과 다르다. 아마도 마태복음은 예수님의 법적 아버지인 요셉의 계열을 중심으로 기록한 것이고, 누가복음은 어머니인 마리아의 계열을 중심으로 기록한 것으로 보인다.

요한복음은 어떤 책인가?

제 4복음서라고도 하고, 영적 복음서라고도 불리는 요한복음은 육적 복음인 공관복음과는 다른 면이 많다. 먼저 장소와 시간이 공관복음서와 다르다. 공관복음서에는 예수님의 주 활동무대가 갈릴리로 되어 있으나 요한복음에서는 유대지방에서의 사역이 강조되고 있다. 시간상으로도 차이점이 있다. 공관복음에서는 시간 계산의 표준이 되는 유월절이 한번만 기록되어 있으나 요한복음에는 세 번 나온다. 또 구조적으로도 차이점이 있다. 공관복음에서는 이 세대가 끝나고 '오는 세대'가 오는 것이 하나의 선(線)적으로 연결되어 있으나 요한복음에서는 현재와 미래가 위와 아래의 이중구조로 되어 있고, 서로 긴장관계로 언급되어 있다. 예를 들면 "너희는 아래서 났고 나는 위에서 났으며 너희는 이 세상에 속하였고 나는 이 세상에 속하지 아니하였느니라"(요8:23).

요한복음은 네 복음서 중에서 단어가 가장 쉽고, 단순한 표현을 많이 가진다. 그래서 헬라어를 배울 때 요한복음을 가지고 하는 경우가 많다. 그러나 요한복음의 단어들은 쉬우면서도 심오한 면이 있기 때문에 영적 복음서란 말을 사용한다. 요한복음의 또 다른 특징은 '나는……이다'(I AM)란 말이 일곱 번이나 나온다.

예컨대 나는 생명의 떡, 세상의 빛, 양의 문, 선한 목자, 부활이요 생명, 길이요 진리요 생명, 참 포도나무라는 말씀이 그것이다. 이것은 하나님께서 모세에게 자신을 말씀할 때 '나는 스스로 있는 자'(출3:14)란 말씀과 같은 표현이다. 즉 예수님은 하나님이란 뜻이다.

또 요한복음에는 이적이나 기적이란 말보다는 표적이란 말을 많이 쓰고 있다. 이 말은 예수님의 표적이 단순히 남을 놀라게 하고 병을 고치고 도와주는 초자연적 사건에서 끝나는 것이 아니고, 주님께서 하나님의 아들 되심을 보여주는 계시성을 강조한다. 요한복음에는 일곱 가지의 표적이 나온다. 물로 포도주를 만든 것에서부터 왕의 신하의 아들을 고친 것, 38년 된 병자를 고친 것, 오천 명을 먹이시고, 물위로 걸으신 것, 나면서 소경된 자를 고치시고, 나사로를 다시 살리신 일곱 가지의 표적이 기록되어 있다.

여기서 우리는 요한이 중복을 피하면서 그 많은 표적 중에서 아주 주의 깊게 선택하고 있음을 볼 수 있다.

그러면 왜 요한복음을 기록하였을까? 20장 31절에 그 목적이 나온다. "오직 이것을 기록함은 너희로 예수께서 하나님의 아들 그리스도이심을 믿게 하려 함이요, 또 너희로 믿고, 그 이름을 힘입어 생명을 얻게 하려 함이니라" 요한복음에서 가장 사랑을 많이 받는 구절은 3장 16절이다. "하나님이 세상을 이처럼 사랑하사 독생자를 주셨으니 이는 저를 믿는 자마다 멸망치 않고 영생을 얻게 하려 하심이니라" 지금 필자가 가슴 깊이 간직하는 구절은 20장 21절의 말씀이다. "아버지께서 나를 보내신 것같이 나도 너희를 보내노라" 그렇다. 첫 번째 선교사로 이 땅에 오신 주님이 지금은 그의 하시던 일을 이루기 위해 나와 여러분들을 택한 것이다. 이 얼마나 놀라운 축복인가?

사도행전은 어떤 책인가?

　누가의 두 번째 책인 사도행전은 누가복음의 후서라고 보는 것이 좋다. 의사인 누가는 첫 번째 책인 누가복음을 데오빌로 각하에게 보내고, 후서인 사도행전도 그에게 보내었다. 첫 번째 책인 누가복음은 예수님의 지상사역을 중심으로 기록하였고, 후서인 사도행전은 예수님의 천상사역을 중심으로 기록하고 있다. 사도행전의 요약이라고 할 수 있는 사도행전 1장 8절은 대단히 중요한 구절이다. "오직 성령이 너희에게 임하시면 너희가 권능을 받고 예루살렘과 온 유대와 사마리아와 땅 끝까지 이르러 내 증인이 되리라 하시니라"

　이 구절은 크게 네 부분으로 나누어진다. 첫째는 "오직 성령이 너희에게 임하시면 너희가 권능을 받고"란 말씀인데 그 내용이 사도행전 1~2장에 나온다. 특별히 2장은 오순절장으로서 당시에 임한 성령의 권능을 잘 말씀하고 있다. 두 번째는 '예루살렘과'란 구절인데 예루살렘의 전도 내용이 사도행전 3-7장에 기록되어 있다. 세 번째는 "온 유대와 사마리아와"란 말씀인데 그 내용이 8장에 기록되어 있다. 끝으로 "땅 끝까지 이르러 내 증인이 되리라 하시니라"는 말씀인데 사도행전 9장에서부터는 땅 끝까지의 전도 내용으로 되어 있다. 그 내용을 좀 더 분석하면 9장~12장까지는 베드로의 선교를 중심으로 기록하고 있다. 말하자면 바울의 세계선교의 준비과정이라고 할 수 있다.

　13장에서부터는 바울의 3차에 걸친 선교여행이 나온다. 이처럼 사도행전은 1장 8절 안에 다 응축되어 있는 것이다.

사도행전에서 주목할 구절은 8장에 나온다. 8장 1절에 보면 "그 날에 예루살렘에 있는 교회에 큰 핍박이 나서 사도 외에는 다 유대와 사마리아 모든 땅으로 흩어지니라"고 하였다. 왜 큰 핍박이 일어났을까? 이유는 저들이 성령의 충만함을 받았지만 주님의 말씀대로 복음을 가지고 흩어지지 않았기 때문이었다. 살아있는 교회란 두 가지 면이 있어야 한다. 하나는 모이는 면이고 다른 하나는 흩어지는 면이다. 교회란 마치 심장과 같은 역할을 해야 하기 때문이다.

교회는 모여서 기도하고, 은혜 받고, 성령 충만하여져야 한다. 그러나 여기서 끝나서는 안 된다. 다시 흩어져야 한다. 왜 흩어져야 하는가? 그것은 주기 위해서이다. 복음을 주고, 사랑을 주고, 하나님으로부터 받은 것을 나누어주기 위해서 흩어져야 하는 것이다. 그런데 문제는 예루살렘교회는 성령의 충만을 받고도 흩어지지 않았다. 그래서 큰 핍박을 하나님은 이용하셨던 것이다.

다음에는 8장 4절의 말씀이 중요하다. "그 흩어진 사람들이 두루 다니며 복음을 말씀을 전할쌔". 그 흩어진 사람들은 생명을 보존하기 위해서 흩어졌지만 하나님은 저들을 복음전파의 도구로 사용하셨던 것이다.

사도행전에서 끝으로 중요한 구절은 28장 31절의 말씀이다. "담대히 하나님 나라를 전파하며 주 예수 그리스도께 관한 것을 가르치되 금하는 사람이 없었더라" 이것은 오늘의 우리들에게 주신 말씀이다. 즉 성령께서 함께하시는 한 금하는 사람이 없으니 이제는 우리가 사도행전의 후서를 선교라는 행동을 통해서 기록하라는 뜻이다. 하나님은 우리를 사명자로 불러주셨다.

로마서는 어떤 책인가?

인간에게 있어서 가장 근본적인 문제는 어떻게 하면 인간이 의로워질 수 있으며 하나님 앞에 설 수 있는가이다. 이것에 대해서 해답을 주고 있는 책이 바로 로마서이다. 로마서에서는 예수 그리스도가 바로 우리의 의가 되신다고 말씀하고 있다.

그러면 이 로마서는 어떤 편지인가? 이것을 알기 위해서는 로마교회가 어떻게 세워졌는가를 아는 것이 필요하다. 로마 가톨릭교회에서는 베드로가 세웠다고 주장하나 근거가 희박하다. 따라서 로마교회의 시작은 사도행전 2장 10절에서 찾아야 할 것이다. 거기에 보면 오순절에 복음을 듣고 그리스도인들이 된 사람들 중에 로마로부터 온 유대인과 유대교 개종자들이 있었다고 하였다. 그러므로 로마에는 이미 그 이름을 알 수 없는 평신도들에 의해서 이미 교회가 세워져 있었다는 말이다.

바울은 바로 이 교회에 편지를 썼던 것이다. 이 때 바울은 자신이 할 수 있는 지중해 동쪽의 복음 전도 사역을 거의 끝마친 상태였다. 그래서 그의 눈은 서방 즉 스페인으로 향하고 있었는데 이를 위해서는 로마가 중요한 전략적 요충지였던 것이다. 그래서 바울은 로마교회로 하여금 하나님의 무한한 은혜를 이해케 하고, 마침내 서방의 복음 전파에 동참케 하기를 원했던 것이다. 그러나 바울은 로마에 갈 수가 없어서 그의 방문을 예비하기 위하여 이 로마서를 기록하였다.

바울은 이 로마서를 기록하면서 로마교회로 하여금 하나님의 구원의 기본적인 내용을 설명하고, 하나님의 구원 계획 속에서 유대인들이 차지하는 위치를 설명하고 있다.

로마서의 내용은 다른 바울서신처럼 크게 두 부분으로 나누어져 있다. 제1부는 1장에서 11장까지로서 어떻게 믿어야 하느냐의 교리문제를 다루고 있고, 제2부는 12장에서 마지막 16장까지로서 어떻게 살아야 하느냐의 윤리문제를 다루고 있다.

제1부의 중심은 어떻게 하면 인간이 의롭게 되느냐의 비결을 말씀하고 있다. 그 핵심이 로마서 1장 16절과 17절이다. 그 중에서도 중요한 구절은 "오직 의인은 믿음으로 말미암아 살리라"는 말씀이다. 여기서 루터의 유명한 이신칭의(以信稱義)란 종교개혁의 표어가 나온 것이다.

다음은 12장에서 16장의 내용인데 여기서 중요한 구절은 12장 1절과 2절이다. 여기서 다루고 있는 말씀은 "너희 몸을 하나님이 기뻐하시는 거룩한 산 제사로 드리라 이는 너희의 드릴 영적 예배니라"는 구절이다. 즉 로마서의 내용은 기독교의 본질을 요약한 것이라고 할 수 있다. 즉 기독교란 은혜 더하기 감사인데 구원은 바로 이 하나님의 은혜로 된 것으로서 오직 믿음으로 되고, 따라서 우리는 오직 감사할 것밖에 없으며 그것은 바로 윤리적 생활, 즉 분별하는 생활이란 말이다.

고린도전후서는 어떤 책인가?

　신약성경에는 구약에 없는 문학 형태가 있다. 바로 서신서들이다. 서신서에는 두 가지가 있는데 개인 서신이 있고, 교회에 보내는 서신들이 있다. 또 교회에 보내는 서신들도 특정한 교회에 보내는 이름이 붙어 있는 서신들이 있는가 하면 이름은 붙어 있지만 일반적으로 보낸 서신들도 있다.

　이 서신들은 그 당시 교회 혹은 개인들의 문제를 해결하기 위해서 기록된 것이다. 따라서 고린도서처럼 두 개의 편지가 있는 것은 첫 번째 편지로 문제가 해결되지 않았기 때문에 두 번 기록한 경우이다.

　고린도서의 저자는 바울 사도이다. 당시 고린도교회는 다른 어떤 교회보다도 문제가 많았다. 교회 내에 분쟁은 물론, 교인들 간의 법적 소송, 결혼 문제, 영적 은사의 남용, 성만찬, 우상 제물에 관한 문제, 부활에 대한 불신 문제 등 아주 많았다. 바울은 이런 실제 문제를 해결해 주기 위해서 고린도전서를 기록했다.

　고린도후서 2장 4절에 보면 바울은 눈물로 썼다고 하였다. 그럼에도 불구하고 고린도 교인들은 회개치 않았다. 그래서 바울은 하는 수 없이 서둘러 고린도교회를 방문하여 책망하였으나 그 방문은 성과 없이 끝나고 말았다. 이 때 바울은 동역자인 디모데를 보내어 고린도교회의 악습을 시정하게 하였다. 그 후 바울은 디도를 통해서 아주 고무적인 기쁜 소식들을 접할 수 있게 되었다.

그러나 그럼에도 불구하고, 거짓 교사들이 들어와 하나님의 교회를 혼란케 하는 일이 있었다. 그들은 스스로 그리스도의 사도로 가장하였지만 사실은 사탄의 일꾼에 불과했던 것이다. 그래서 바울은 고린도교회의 오해도 풀어주고, 거짓 교사들에 대해 단호한 처리도 해야 했다(4-6장. 10-13장). 그뿐 아니라 교회 안에 아직 남아 있는 유대주의자들을 척결하고, 예루살렘교회를 위한 구제연보의 필요성을 강조하기 위해서 고린도 후서를 기록한 것이다.

고린도전서에서 은사의 종류로서는 지혜의 말씀(하나님의 뜻을 삶의 현장에 구체적으로 적용하는 실천적 은사), 지식의 말씀(진리를 깨닫는 이지적 은사), 믿음(능력을 행하고 고난에 동참하는 것), 병 고치는 은사, 능력 행함, 예언, 영들 분별, 방언, 방언의 통역, 실천적 은사들인 섬기는 것, 가르치는 것, 권유하는 것, 구제하는 것, 다스리는 것, 긍휼을 베푸는 것, 그 중에서도 가장 중요한 사랑의 실천을 들고 있다.

갈라디아서는 어떤 책인가?

바울의 편지인 갈라디아서는 갈라디아 교회에 들어온 잘못된 가르침, 즉 유대의 율법주의자들이 들어와 바울의 사도권을 부정하고, 이방 개종자들에게 할례와 모세의 율법을 행하여야 구원을 받는다는 주장을 한 것을 비판하고, 참 구원의 진리를 가르치려고 기록한 책이다.

갈라디아서에는 두 가지의 내용이 기록되어 있다.

첫째는 바울의 사도적 권위이다.

둘째는 오직 믿음을 통해서 하나님 앞에서 의롭다 하심을 받으며 우리의 참 자유는 예수 그리스도로 말미암는다는 내용이다.

갈라디아서는 한마디로 말하면 '기독교인의 독립선언서'라고 할 수 있다. 요한복음 8장 36절에 "그러므로 아들이 너희를 자유케 하면 너희가 참으로 자유하리라"는 말씀을 보다 구체화하고 있는 것이다.

갈라디아서 2장 4절에 보면 "그리스도 예수 안에서 우리의 가진 자유"라고 언급함으로써 자유를 얻는 비결이 그리스도 안에 있음을 말씀하고 있다.

필자가 갈라디아서에서 가장 좋아하는 구절은 2장 20절의 말씀이다. "내가 그리스도와 함께 십자가에 못 박혔나니 그런즉 이제는 내가 산 것이 아니요, 오직 내 안에 그리스도께서 사신 것이라 이제 내가 육체 가운데 사는 것은 나를 사랑하사 나를 위하여 자기 몸을 버리신 하나님의 아들을 믿는 믿음 안에서 사는 것이라"

이 구절은 바울의 신앙고백 가운데 그의 인생관을 가장 잘 표현한 구절이다.

바울의 그리스도의 복음에 대한 변호는 3장 6절에서 그 핵심이 나온다.

"아브라함이 하나님을 믿으매 이것을 그에게 의로 정하셨다 함과 같으니라"

이 구절은 로마서 4장 3절의 말씀에서도 반복하고 있는데 창세기 15장 6절의 인용이다. 바울신학에서 중요한 세 가지의 기둥인 의의 개념, 신앙의 개념과 의의 전가가 바로 이 말씀 속에 나온다.

그러면 율법이란 무엇인가? 3장 24절에서는 몽학선생이라고 정의하고 있다. 다시 말하면 율법에는 세 가지의 기능이 있는데 첫째는 그리스도에게로 인도하는 몽학선생의 역할, 둘째는 죄를 깨닫게 하고 회개를 깊게 하는 것, 셋째는 하나님의 뜻이 무엇인지를 가르쳐준다는 점이다.

그러므로 율법이란 거룩한 것이요 필요한 것이다. 다만 율법을 통하여 구원을 받는 것이 아니라 깨닫게 하고, 인도하고, 깊게 하는 역할을 한다는 말이다.

갈라디아서 5장 13절 이하에서는 성령으로 말미암은 새 생활에 대해서 말씀하고 있다. 특별히 5장 22절과 23절은 성령의 열매에 대한 구절로 잘 알려져 있다.

"오직 성령의 열매는 사랑과 희락과 화평과 오래 참음과 자비와 양선과 충성과 온유와 절제니 이 같은 것을 금지할 법이 없느니라."

에베소서는 어떤 책인가?

바울서신 중 여왕이란 별명을 가진 에베소서는 과연 어떤 책일까? 이 책은 바울이 감옥에 갇혀 있을 때에 기록한 4권의 책(에베소서, 빌립보서, 골로새서, 빌레몬서)중의 하나이다.

이 네 권을 흔히 옥중서신이라고 부르기도 하는데 에베소서의 특징은 순회 서신이었다는 점이다. 다시 말하면 여기 저기 교회들에게 순회되면서 읽혔던 서신으로서 마지막 보관을 에베소교회에서 했던 것이다. 에베소교회는 바울이 삼년간 있으면서 개척한 교회로서 바울의 관심이 컸던 교회이다.

에베소서의 내용은 다른 바울서신처럼 크게 두 부분으로 나누어진다. 제1부는 1장에서 3장까지인데 여기에는 어떻게 믿어야 하느냐인 교리가 기록되어 있다. 제2부는 4장에서 6장까지인데 여기에는 어떻게 살아야 하느냐인 윤리문제를 기록하고 있다. 제1부의 내용으로 1장에는 삼위일체의 하시는 일이 무엇인가를 말씀하고 있다. 첫째로 성부 하나님의 하시는 일은 두 가지인데 먼저 우리에게 복을 주시고, 다음은 우리를 택하신다고 하였다. 둘째로 성자의 하시는 일은 먼저 우리를 구속, 즉 죄 사함을 받게 해주시고, 다음은 지혜와 총명으로 넘치게 하신다. 끝으로 성령은 우리를 믿게 하시고, 다음은 인 치심을 주신다고 하였다. 놀라운 것은 찬송이란 말이 두 번, 찬미란 말이 두 번 나오는데 다 삼위일체 하나님의 사역과 관련하여 말씀하고 있다. 여기서 우리는 하나님의 사역의 목적이 우리로 하여금 하나님께 영광을 돌리고 찬미케 하려는데 있음을 보는 것이다.

2장에는 구원론이 나온다. 여기서는 우리의 과거와 현재를 대조하고 있다. 특별히 중요한 구절은 8절의 말씀이다. "너희가 그 은혜를 인하여 믿음으로 말미암아 구원을 얻었나니 이것이 너희에게서 난 것이 아니요 하나님의 선물이라" 중요한 말씀은 "그 은혜를 인하여 믿음으로 말미암아"란 말씀이다.

이것에 대해서 두 가지 견해가 있다. 루터와 웨슬레는 '믿음으로 말미암아'란 말에 강조를 두고 우리의 구원은 믿음에 있다고 강조했다. 반면에 칼뱅은 '그 은혜를 인하여'란 말씀에 강조점을 두고 인간의 구원은 하나님의 은혜에 있다고 주장한 것이다. 필자의 견해는 구원의 근원은 하나님의 은혜이고, 그러나 그 구원을 받아들이는 것은 우리의 믿음이란 손에 있다고 보는 것이 옳다고 본다.

3장에는 바울의 삼대영광이 나온다. 첫째는 그리스도의 비밀을 알게 된 것이고, 둘째는 복음의 일꾼이 된 것이고, 셋째는 그리스도의 고난에 동참하게 된 것이라고 하였다.

4장에서는 '그러므로'란 말로 시작하여 우리가 가져야 할 겸손, 온유, 오래 참음, 사랑, 평안을 언급하고, 하나 되어야 할 이유를 밝히고 있다. 5장에서는 그 유명한 성령 충만을 말하고 부부윤리를 언급하였다. 6장에서는 부모와 자녀의 윤리, 및 기업윤리를 언급한 후에 영적 전쟁에서 승리하게 위해서는 하나님의 전신갑주를 입을 것을 말씀하고 있다.

빌립보서는 어떤 책인가?

바울의 두 번째 옥중서신인 빌립보서는 기쁨에 대한 표현이 제일 많은 책이다. 무려 16번이나 기쁘다, 기뻐하라는 말이 나온다. 기억할 것은 당시 바울은 기뻐해야 할 만큼의 환경이 아니었다는 점이다.

그 당시 그는 땅속에 있는 옥중에 갇혀 있었다. 그는 언제 죽을지도 모르는 가운데서 모진 매를 맞고, 잔등에서는 피가 흐르는 심한 아픔 속에서 이처럼 기뻐하라는 말을 하고 있는 것이다.

"종말로 나의 형제들아, 주안에서 기뻐하라"(3:1), "주안에서 기뻐하라. 내가 다시 말하노니 기뻐하라"(4:4). 더욱 놀라운 것이 이 짧은 편지 속에 구주의 이름이 46번이나 나오고 있다는 점이다. 이것은 왜 바울이 기뻐할 수 있었는가를 설명해준다.

빌립보서의 내용은 크게 넷으로 나누어진다. 제1장은 삶의 기쁨을 기록하고 있고, 제2장은 봉사의 기쁨을 기록하고 있다. 제3장은 친교의 기쁨을 기록하고 있고, 제4장은 상급의 기쁨을 말씀하고 있다.

제1장에서 바울은 자신이 그리스도의 종이라고 소개한다. 그는 자유인이 되었으나 이제는 주님의 종이 되어 내게 사는 것이 그리스도니라고 고백하고 있는 것이다(21절). 그러나 이 세상의 대부분의 사람들은 "내게 사는 것이 재물이요 권력이요, 영광"이라고 할 것이다.

제2장의 내용은 2절과 4절에서 잘 나타난다. "마음을 같이하여 같은 사랑을 가지고……나의 기쁨을 충만케 하라." 그러면 사회생활에서 가

장 중요한 것은 무엇인가? 3절에서 말씀하고 있다. 겸손한 마음으로 각각 자기보다 남을 낮게 여기는 이해와 사랑과 양보인 것이다. 그러면서 바울은 그리스도의 겸손의 모범을 언급하고 있다.

제3장은 친교의 기쁨을 말씀하고 있다. 12-14절은 바울의 삶의 철학을 잘 나타내고 있다. "내가 이미 얻었다 함도 아니요 온전히 이루었다 함도 아니라. 오직 내가 그리스도 예수께 잡힌바 된 그것을 잡으려고 좇아가노라… 나는… 오직 한 일 즉 뒤에 있는 것은 잊어버리고, 앞에 있는 것을 잡으려고, 푯대를 향하여 그리스도 예수 안에서 하나님이 위에서 부르신 부름의 상을 위하여 좇아가노라."

제4장은 상급의 기쁨을 말씀하고 있다. 4-5절과 19절은 그 핵심을 이룬다. 주 안에서 항상 기뻐하라 내가 다시 말하노니 기뻐하라. 너희 관용을 모든 사람에게 알게 하라. 주께서 가까우시니 "나의 하나님이 그리스도 예수 안에서 영광 가운데 그 풍성한 대로 너희 모든 쓸 것을 채우시리라."

골로새서는 어떤 책인가

에베소서와 함께 쌍둥이 서신인 골로새서는 그 내용 면에서 같은 것이 많다. 그러나 에베소서가 그리스도의 몸인 성도들에 대해서 말씀하고 있는 반면에 골로새서는 머리되신 그리스도에 대해서 말씀하고 있는 것이 다르다. 따라서 두 서신은 강조점이 다르다. 에베소서는 '그리스도의 교회'가 강조되고 있고, 골로새서는 '교회의 그리스도'가 강조되고 있는 것이다. 2장 10절은 전체의 요절이라고 할 수 있다. "너희도 그(그리스도) 안에서 충만하여졌으니 그는 모든 정사와 권세의 머리시라" 따라서 골로새서의 핵심 메시지는 그리스도는 우리의 생명이시고 우리는 그 안에서 충만하여진다는 것이다. 다시 말하면 하나님은 그리스도를 모든 것의 모든 것, 만물의 으뜸이 되게 하셨으므로 우리는 그리스도를 낮은 처소에 두게 해서는 안 된다는 말씀하고 있다.

그러면 골로새 교회는 어떤 교회인가? 바울의 제3차 선교여행 때 이곳을 방문한 것으로 보이나 2장 1절을 보면 바울이 직접 개척한 교회는 아닌 것 같다. 바울이 골로새서를 기록한 목적은 당시 골로새 교회 안에 들어온 이단을 반박하고 막기 위해서였다.

이 이단은 유대교의 의식주의와 영지주의 및 천사숭배 사상이었다. 2장 11절과 3장 11절을 보면 이들은 할례를 강조하고 음식에 관한 규례와 절기(2:16-7)를 강조했던 것을 볼 수 있다. 또 사람의 유전에 근거하여 영적 지식(여기서 영지주의가 나옴, 2:8)을 강조함으로 진리에서 벗어나도록 유혹을 했던 것이다.

골로새서의 내용을 보면 다른 서신들과 마찬가지로 제1부인 1-2장은 그리스도론이고, 제2부인 3-4장은 그리스도인의 생활을 기록하고 있다. 좀 더 세분해 보면 1장은 풍성한 삶의 '깊이', 2장은 풍성한 삶의 '높이', 3장은 풍성한 삶의 '내면', 4장은 풍성한 삶의 '외면'을 기록하고 있다.

그러면 삶의 깊이는 어디 있는가? 1장 23절에 기록되어 있다. "만일 너희가 믿음(안)에 거하고 그리스도의 터 위에 굳게 서서 너희 들은바 복음의 소망에서 흔들리지 아니하면 그리하리라."

다음으로 삶의 높이는 어디 있는가? 2장 6-7절에 언급되고 있다. "그러므로 너희가 그리스도 예수를 주로 받았으니 그 안에서 행하되, 그 안에 뿌리를 박으며 세움을 입어 교훈을 받은 대로 믿음에 굳게 서서 감사함을 넘치게 하라."

3장에서는 풍성한 삶의 내면을 언급하고 있다. 12절과 16절에서 말씀하고 있다. "긍휼과 자비와 겸손과 온유와 오래 참음을 옷입고… 그리스도의 말씀이 너희 속에 풍성히 거하여 모든 지체로 피차 가르치며 권면하고 시와 찬미와 신령한 노래를 부르라"고 하였다.

그러면 끝으로 4장의 풍성한 삶의 외면은 무엇인가? 5절에 말씀하고 있다. "외인을 향하여서는 지혜로 행하여 세월을 아끼라"고 하였다. 여기서 외인이라고 한 것은 이방인들을 말한다.

데살로니가전후서는 어떤 책인가?

바울의 최초의 서신이 데살로니가전후서는 바울의 제2차 전도여행 이후에 기록한 서신이다. 당시 바울은 데살로니가 교회를 다녀온 디모데를 통해서 기쁜 소식을 접하게 되었다. 첫째는 데살로니가 교인들이 바울을 사모하고 있다는 것(3:6-10), 둘째는 바울이 전해준 가르침을 잘 지키고 있다는 것(2:13), 셋째는 예수를 믿는다는 이유 때문에 고통을 당하지만 기쁨으로 신앙생활을 하고 있다는 것(1:2-10)이었다.

그러나 디모데는 데살로니가 교회의 문제점도 전달하였다. 가장 큰 문제점은 첫째로 주님께서 곧 재림하실 것이라고 단정하고, 일을 하지 않고 무위도식하는 사람들이 있다는 것, 둘째는 교인 중에 어떤 사람들은 신자가 된 후에도 과거 이방 세계에서의 부도덕한 생활을 하고 있다는 것, 셋째는 죽은 성도들 때문에 너무 슬퍼하고 있다는 것이었다.

그래서 바울은 이 문제를 해결하기 위해서 데살로니가전서를 기록한 것이다. 전서를 보면 먼저 데살로니가 교인들이 모든 믿는 자의 모범이 된 것을 감사하는 데서 시작한다. 그러나 4장에 보면 가족을 여읜 자들에게 주는 위로의 말씀이 나온다. 먼저 "소망 없는 다른 이와 같이 슬퍼하지 말 것"을 언급하고, 이미 죽은 자들에 대해서는 "예수 안에서 자는 자들도 하나님이 저와 함께 데리고 오시리라"(4:14), "그 후에 우리 살아남은 자도 저희와 함께 구름 속으로 끌어올려 공중에서 주를 영접하게 하시리니 그리하여 우리가 항상 주와 함께 있으리라"(4:17)고 기록하고 있다. 그리고 때와 시기에 관하여는 "주의 날이 밤에 도적같이 이른"다고 하였다.

전서의 내용은 시제를 중심으로 말씀하고 있다. 무엇보다도 데살로니가 교인들의 삶은 1장 9-10절에 아주 잘 나타나 있다.(과거에 이들은) "우상을 버리고 하나님께로 돌아와서"(현재에는) 사시고 참되신 하나님을 섬기며(미래에는)죽은 자들 가운데서 다시 살리신 그의 아들이 하늘로부터 강림하심을 기다리는 자들이란 것이다.

그러나 바울의 이 서신은 데살로니가 교인들에게 새로운 문제점을 일으켰다. 주님이 도적과 같이 임한다면 밤에 잠도 자지 말고 기다려야 하나? 언제 오실지 모르는데 어떻게 준비해야 하는가? 이에 대해서 바울은 후서에서 복된 소망을 언급하는 가운데 1장에서는 핍박중의 위로를 말씀하고 있다. 3절에서는 "믿음이 더욱 자라고"라고 하였고, 4절에서는 인내하도록 권면하고 있다. 2장에서는 핵심부분으로서 혼돈되고 있는 이들을 위한 교훈이 나온다.

"주의 날이 이르렀다고 쉬 동심하거나 두려워하거나 하지 아니할 그것이라"고 하면서 주님의 재림 전에 배도하는 일이 먼저 일어난다고 하였다. 재림이 가깝다고 무위도식하는 사람들에게는 "누구든지 일하기 싫어하거든 먹지도 말게 하라"(살후3:10)고 하면서 "종용히 자기 양식을 먹으라"고 권면하였다. 후서의 3장은 봉사를 통한 실제적 준비라고 할 수 있다.

디모데전후서는 어떤 책인가?

바울 서신 중에 흔히 목회서신이라고 알려진 세 서신이 있다. 디모데전후서와 디도서이다. 당시 디모데는 에베소 교회의 감독직을 맡고 있었던 것으로 보인다. 바울은 믿음의 아들이요 제자인 디모데(고전4:17)에게 "어떻게 행하여야 할 것을 알게 하려"(딤전3:15)고 이 편지를 보내었다.

물론 이 디모데서는 개인 서신이지만 그 속에는 어떻게 목회를 해야 할 것을 말씀해주고 있기 때문에 오늘의 목회자들과 성도들에게 아주 중요한 말씀이 된다.

디모데서가 우리들에게 보여주는 목회의 비결은 무엇인가? 첫째로 1장에서 보여주는 대로 거짓 교훈을 경계해야 한다는 점이다. 옛날이나 오늘이나 교회에서 문제가 되는 것은 바로 '다른 교훈'(1:3)을 가르치는 일이다. 당시에는 "신화와 끝없는 족보에 착념"(1:4) 하는 것이 문제였다.

오늘날의 문제점은 무엇인가? 그것은 복음이 아닌 것을 전파하는 데 있다. 설교란 이름 밑에 자신의 체험이나 신학을 주입하는 것이 문제이며 성경을 바로 해석하지 못하는 것이 문제인 것이다.

다음으로 목회에서 문제가 되는 것은 교회의 행정을 말씀의 원칙에서 떠나 개인을 중심으로 하는 것이다. 3장에서 바울은 장로와 집사를 바로 선택해서 교회의 질서를 유지할 것을 권면한다. 3장 1-11절에 나오는 장로와 집사의 자격에 관한 기준은 오늘날도 표준이 되어야 한다. 돈이 있고 사회적 지위가 있다고 해서, 혹은 목사와 개인적으로 가깝다고 해서 장로가 되고, 집사가 되어서는 안 된다는 말이다. 왜냐하면 하나님의 마음에 합한 일꾼을 선택해야 하기 때문이다. 바울은 디모데전서에서 경건의 연습을 강조하면서(4:8), 정욕을 피하고, 의와 경건과 믿음과 사랑과 인내와 온유를 좇을 것을 말씀하고 있다.

필자는 디모데후서의 말씀을 필자의 목회철학으로 삼고 있다. 2장 2절에는 제자훈련의 방법과 비결이 나오고, 15절에는 부끄러울 것이 없는 목회자가 누구인가를 말씀하고 있다. 하나님 앞에서 부끄러울 것이 없는 목회자는 먼저 진리의 말씀을 옳게 분변하고, 하나님과 사람 앞에서 인정을 받아야 하고, 끝으로 자신을 하나님 앞에 드리기를 힘쓰는 사람이어야 한다고 했다. 우리는 귀히 쓰이기를 원하고 있는데 그 비결은 21절에 나온다. 즉 깨끗한 그릇이 되어야 한다고 했다. 특별히 4장 6-8절에는 사도행전에 나오는(20:23-24) 유명한 바울의 목회철학이 나온다. 이 구절은 바울의 유언이며 목회자의 목표가 무엇이어야 할 것을 말씀해준다.

디도서는 어떤 책인가?

디모데전후서와 함께 목회서신으로 알려진 이 서신은 한 때 정경성에 대해 논란이 있었으나 저스틴, 이레니우스와 무라토리 문서 등에서 바울의 서신으로 인용된 것으로 보아 틀림없는 바울의 서신이다.

본래 디도는 헬라인이었다. 바울은 디도를 "같은 믿음을 따라 된 나의 참 아들"이라고 소개하고 있다. 물론 디도는 엄밀한 의미에서 현대적인 의미의 목회자는 아니다. 차라리 특수한 임무를 주어 파송한 사도의 대행인이라고 보는 것이 옳을 것이다. 그의 임무는 사도 바울이 개척한 교회를 방문하면서 교회를 진전시키고, 그 결과를 사도에게 보고하는 것이었다.

디도서에는 선한 일에 대한 강조가 나온다. 물론 우리는 선한 일을 통해서 구원을 받은 것은 아니다. 그러나 선한 일을 위해서 구원을 받은 것이다. 당시 디도는 그레데 지방의 감독이었다. 전에 디도는 고린도교회의 분열이 있었을 때에 이것을 해결하기 위해서 파송을 받은 적도 있었다.

디도서에는 크게 세 가지의 내용으로 되어 있다.

1장에는 교회행정에 대한 지시가 있고, 2장에는 교회 각층에 대한 교훈이 나온다. 그리고 3장에는 사회생활에 대한 교훈이 나온다.

특별히 1장에는 교회 제직들의 직분에 대해서 말씀하고 있다. 그 내용은 디모데전서 3장의 내용과 유사하다. 직분자는 전적으로 인격적 사람이어야 하고, 가정생활에도 흠이 없어야 하고(1:6), 개인생활에도 흠이 없는 자여야 한다(1:7-8)고 했다. 또한 말씀에 진실한 자라야 한다고 했다(1:9).

바울은 이 세상을 흔들리는 터전으로 비유하면서 1장 11절에서 이렇게 말한다. "이런 자들이 더러운 이를 취하려고 마땅치 아니한 것을 가르쳐 집들을 온통 엎드러지는도다." 그러나 교회는 지진 가운데서도 견고한 터와 같이 불의 속에서도 움직이지 않는 견고한 터가 되어야 한다고 가르친다.

2장에는 교회 안에 있는 각계각층의 사람들에게 주는 교훈으로 되어 있다. 노인들에 대하여는 남자들은 "절제하며 경건하며 근신하며 믿음과 사랑과 인내함에 온전케 하라"고 하였고(2:2), 여자들은 "행실이 거룩하며 참소치 말며 많은 술의 종이 되지 말며 선한 것을 가르치는 자들이 되라"고 하였다(2:3).

중요한 것은 신자의 생활의 세 가지 면을 언급한 점이다. 첫째는 "이 세상 정욕을 다 버리"라고 하였고(2:12), 둘째는 "경건함으로 이 세상에 살"라고 하였고(2:12), 셋째는 "복스러운 소망과 예수 그리스도의 영광이 나타나심을 기다리"라고 하였다.

빌레몬서는 어떤 책인가?

　바울 서신 중에 제일 마지막에 나오는 책이 바로 빌레몬서이다. 바울 서신의 배열은 교회로 보낸 서신을 앞에, 개인 서신을 뒤에 배열하고 있고, 또 분량이 많은 것을 앞에, 분량이 적은 것을 뒤에 배치하고 있는 것이 특징이다.

　이 빌레몬은 어떤 사람이었는가? 그는 골로새 교회의 중요한 인물이었다. 그는 바울의 전도를 받고 예수님을 믿게 된 사람이다(1:19). 당시 신자들은 빌레몬의 집에서 정규적으로 예배를 드렸다. 그런데 그에게는 오네시모란 노예가 있었는데 그가 멀리 로마까지 도망을 갔던 것이다. 로마에서 오네시모는 바울을 만나 신자가 되고, 바울에게 유익한 사람이 되었다.

　그러나 바울은 그를 그냥 남겨두는 것이 옳지 않다고 보았기 때문에 본래의 주인인 빌레몬에게 보내면서 이 편지를 썼다.

　이 편지에서 바울은 빌레몬에게 상전과 노예의 관계를 초월하여 그리스도 안에서 형제로서 종 오네시모를 용서하고 환영해 달라고 정중하게 요청하고 있다. 물론 바울은 빌레몬에게 명령을 할 만한 권위도 있었지만, 그러나 그는 오히려 겸손하게 빌레몬의 마음에 호소하고 있다(9절).

　그러면 빌레몬서를 기록한 목적은 무엇인가? 크게 세 가지를 생각할 수 있다. 첫째는 빌레몬에게 오네시모를 용서하여 주도록 하기 위해서,

둘째는 노예를 포함해서 모든 사람들이 기독교 정신에 따라 서로 사랑하고 용서해 줄 것을 가르치기 위해서, 셋째는 감옥에서 나온 후에 골로새에 머물 장소를 준비하려고 기록했던 것이다. 전설에 의하면 오네시모는 빌레몬에게서 자유를 얻고 다시 바울에게로 돌아와 가르침을 받은 후에 에베소 교회의 감독이 되었다고 한다.

많은 사람들은 빌레몬서 같은 개인 서신이 어떻게 성경이 될 수 있느냐고 말한다. 그러나 중요한 것은 바울이 여기서 개인 문제를 다루고 있지만 그럼에도 불구하고 기독교가 노예문제를 어떻게 다루어야 하느냐는 근본적인 문제에 해답을 주고 있다는 점을 기억해야 한다. 놀라운 것은 바울은 노예제도가 비성경적임에도 불구하고 그것을 개혁하려고 하지 않았다. 오히려 제도보다 중요한 것은 하나님 앞에서 어떻게 형제의 사랑을 실천하느냐에 달려 있다고 본 것이다. 오늘날 노예제도는 없어졌지만 노사의 문제는 그대로 남아 있다. 그런 점에서 바울이 변하는 노예제도보다 변하지 않는 주인과 종의 관계를 기독교적 입장에서 다루고 있는 것은 참으로 옳은 것이다.

왜 바울은 노예제도에 대해서 침묵을 하였는가? 그것은 사회적 혼란만 야기시킬 뿐이었기 때문이었다. 그러나 중요한 것은 오네시모가 다시 자유를 얻은 것처럼 그리스도의 사랑이 전파되는 곳에서는 노예제도가 무너지고, 참된 관계가 수립된다는 사실이다. 즉 오늘날의 노사문제도 오직 그리스도의 사랑 안에서만 해결될 수 있는 것이다.

히브리서는 어떤 책인가?

과거에는 히브리서가 바울서신이라고 주장되어 왔지만, 그러나 그 문체나 서신의 형식 및 내용 등으로 보아 바울이 기록하지 않은 것으로 보는 것이 옳다. 히브리서의 저자로 아볼로, 바나바 등 여러 사람이 거론되고 있으나 구체적으로 누구인지는 알기가 어렵다. 그래서 오리겐은 오직 하나님만이 사실을 알고 계신다고 하였다.

그러면 히브리서의 내용은 무엇인가? 먼저 눈에 뜨이는 것은 그리스도를 대제사장, 혹은 제사장으로 강조하고 있다는 점이다. 그리스도의 대제사장직은 신약 중에서 오직 히브리서에만 나타난다. 그러면 대제사장의 임무는 무엇인가? 5장 1절에 그 내용을 두 가지로 요약하고 있다. 첫째는 사람을 하나님께로 데려가는 자이고, 둘째는 그의 백성을 대표하는 자이다. 따라서 그리스도는 두 가지 본성, 즉 신성과 인성을 가지고 계시기 때문에 아론과 비교할 수 없는 참 대제사장이시다.

그러면 대제사장의 사역인 주님의 제사는 어떤 제사인가? 히브리서에는 "더 나은 제사"라고 하였다. 히브리서에는 더 나은 제사를 네 가지 용어로 표현하고 있다. '속죄하다', '정결하다', '거룩하다', '온전하다'라는 단어이다.

여기서 속죄하다는 말은 죄를 덮는다는 뜻이고(2: 17), 정결케 하다라는 말은 죄책을 제거하다는 말이다(9:14: 10:2). 또 거룩하다는 말은 죄책이 이동되어 하나님을 섬길 수 있는 위치에 있다(2:11: 9:13등)는 뜻이고, 온전케 하다는 말은 도덕적 의미가 아닌, 예배드리기에 합당하다는 뜻이다.

다음으로 히브리서에 강조되는 것은 언약사상이다. 언약이란 말이 신약성경에 모두 33번밖에 안 나오는데 히브리서에만 무려 17번이나 나온다. 여기서 언약이란 말은 엄숙한 종교 의식에 의한 인준을 뜻한다. 본래는 언약이란 말이 하나님의 단순한 약속을 뜻하였으나 창세기 15장 7-21절에 보면 의식을 통해 이 약속을 언약이 되게 하신 것을 볼 수 있다. 따라서 언약이란 단순한 약속 이상의 종교적 의미를 가지는 것이다. 이 언약에는 항상 대상인 하나님의 백성이란 말이 나오는데 그 뜻은 하나님과 언약관계 하에 있는 백성을 뜻한다. 이 백성들은 하나님을 경배하는 일을 하는 것이 사명이다. 따라서 언약, 백성, 경배는 서로 뗄 수 없는 관계를 가지는 것이다.

끝으로 히브리서에는 신앙이 강조되어 있다. 11장 1절에 보면 "믿음은 바라는 것들의 실상이요 보지 못하는 것들의 증거니"라고 정의를 내리고 있다. 이 믿음은 결코 어렵거나 복잡한 것이 아니다. 믿음이란 단순히 모든 것을 주님께 내어맡기는 것이며 그만을 의지하는 단순한 결단인 것이다.

야고보서는 어떤 책인가?

성경 가운데는 일반 서신이라고 불리고 있는 책이 있는데 그것은 야고보서에서부터 유다서에 이르는 일곱 권의 서신을 두고 하는 말이다. 그렇게 부르는 것은 그 일곱 권의 책들이 어떤 특정한 교회에 보낸 것이 아닌 일반 교회에 보낸 서신이기 때문이다.

야고보서는 그 첫 번째 서신이다. 그러면 이 책의 저자는 누구일까? 성경에는 많은 야고보가 나오고 있는데 전통적으로 이 책의 저자로는 사도 야고보가 아닌 주님의 형제 야고보(막6:3)로 보고 있다.

야고보서의 수신자들은 주로 국경 밖에 살고 있는 자들이었기 때문에 신앙의 형식은 있으나 능력은 없었고, 게다가 수많은 시련으로 인해 어려움을 당하고 있었다. 그래서 당시의 예루살렘 감독이었던 야고보는 이들에게 시련에도 굴하지 않는 믿음을 넣어주고, 저들의 믿음이 행위로 증명되도록 하기 위해서 야고보서를 기록하였던 것이다.

언뜻 보면 야고보서는 바울서신과 서로 모순되는 것처럼 보인다. 왜냐하면 바울은 믿음을 강조하는데 반해 야고보는 행위를 강조하고 있기 때문이다. 그러나 좀 더 자세히 보면 이 둘은 서로가 보완적 관계에 있는 것을 볼 수 있다. 다시 말하면 야고보서는 살아있는 믿음의 열매가 바로 행위임을 강조하는 있는 것이지 믿음과 행위를 서로 대비시키고 있는 것은 아니기 때문이다.

사실 야고보서는 매일의 종교생활을 위한 지침서라고 하는 것이 옳다. 신약의 잠언이라고 할 만큼 야고보서에는 많은 종교적, 도덕적 교훈이 나온다. 그래서 '하라'는 명령어가 가장 많이 나오는 책이기도 하다.

앞서 살펴본 히브리서가 믿음의 주요 온전케 하시는 이인 예수를 바라보게 하였다면 야고보서는 그대로 실천케 하는 책인 것이다. 야고보서에서 가장 사랑을 받고 있는 구절은 2장 26절의 말씀이다. "영혼 없는 몸이 죽은 것같이 행함이 없는 믿음은 죽은 것이니라" 당시 수신자들은 국경 밖에 살고 있는 디아스포라였기 때문에 이들은 시험을 많이 당하고 있었다. 야고보는 이들에게 승리의 비결을 이렇게 말한다. "마귀를 대적하라 그리하면 너희를 피하리라 하나님을 가까이 하라 그리하면 너희를 가까이 하시리라"(4:7-8) "그러므로 형제들아 주의 강림하시기까지 길이 참으라. 보라 농부가 땅에서 나는 귀한 열매를 바라고 길이 참아 이른 비와 늦은 비를 기다리나니 너희도 길이 참고 마음을 굳게 하라 주의 강림이 가까우니라"(5:7-8).

오늘의 우리들에게 얼마나 놀라운 말씀을 주시는가는 5장에 잘 나타난다. "너희 중에 고난당하는 자가 있느냐 저는 기도할 것이요 즐거워하는 자가 있느냐 저는 찬송할지어다"(5:13) "믿음의 기도는 병든 자를 구원하리니 주께서 저를 일으키시리라"(5:15).

베드로전후서는 어떤 책인가?

베드로전서의 배경은 당시 여기저기 흩어져 있는 나그네(1:1-2)들이라고 불리는 성도들이다. 이들의 고난과 박해를 위로하고, 격려하기 위해서 기록하였기 때문에 산 소망이 주제로 되어 있다. 그러나 베드로후서의 배경은 좀 다르다. 베드로후서는 교회 안에 들어온 거짓 교사들인 영지주의자들을 비판하고 있다. 이 전서와 후서의 배경적 차이점을 바로 이해할 때 그 메시지는 보다 깊은 의미를 가져다준다.

사실 박해 속에 있는 성도들에게 "모든 육체는 풀과 같고 그 모든 영광이 풀의 꽃과 같으니 풀은 마르고 꽃은 떨어지되 오직 주의 말씀은 세세토록 있도다"(벧전1:24, 25)는 말씀은 큰 위로가 되었을 것이다. 그리고 오늘의 우리들에게도 큰 사명감을 깨닫게 해주는 2장 9절의 말씀은 많은 선교사들에게 자주 인용되고 있다. "오직 너희는 택하신 족속이요 왕 같은 제사장들이요 거룩한 나라요 그의 소유된 백성이니 이는 너희를 어두운데서 불러내어 그의 기이한 빛에 들어가게 하신 자의 아름다운 덕을 선전하게 하려 하심이라"(벧전2:9).

5장에 나오는 장로들에게 주는 교훈은 그들이 교회의 지도자들이란 점에서 중요한 의미를 가진다. "너희 중에 있는 하나님의 양 무리를 치되 부득이함으로 하지 말고, 오직 하나님의 뜻을 좇아 자원함으로 하며 더러운 이를 위하여 하지 말고, 오직 즐거운 뜻으로 하며 맡기운 자들에게 주장하는 자세를 하지 말고 오직 양 무리의 본이 되라. 그리하면 목자장이 나타나실 때에 시들지 아니하는 영광의 면류관을 얻으리라"(벧전5:2-4).

베드로후서의 배경은 이단에 대한 경고에 집중되고 있다. 이것은 이단사상으로 인해 혼돈된 우리 교회들에게 큰 교훈을 준다. "너희 중에도 거짓 선생들이 있으리라. 저희는 멸망케 할 이단을 가만히 끌어들여 자기들을 사신 주를 부인하고 임박한 멸망을 스스로 취하는 자들이라 여럿이 저희 호색하는 것을 좇으리니 이로 인하여 진리의 도가 훼방을 받을 것이요 저희가 탐심을 인하여 지은 말을 가지고 너희로 이를 삼으니 저희 심판은 옛적부터 지체하지 아니하며 저희 멸망은 자지 아니하느니라"(벧후2:1-3)

"먼저 이것을 알지니 말세에 기롱하는 자들이 와서 자기의 정욕을 좇아 행하며 기롱하여 가로되 주의 강림하신다는 약속이 어디 있느뇨. 조상들이 잔 후로부터 만물이 처음 창조할 때와 같이 그냥 있다 하니… 사랑하는 자들아 주께는 하루가 천년 같고 천년이 하루 같은 이 한 가지를 잊지 말라 주의 약속은 어떤 이의 더디다고 생각하는 것같이 더딘 것이 아니라…. 그러나 주의 날이 도적 같이 오리니"(벧후3:3-4, 8-10).

요한 1, 2, 3서는 어떤 책인가?

요한 서신의 기록 목적은 각각 다르다. 요한 1서는 당시의 위험한 이단인 영지주의를 논박하고, 믿는 성도들에게 구원의 확신을 넣어주기 위해서 기록하였다. 요한1서에는 주로 하나님에 관한 말씀이 많이 나온다. 하나님은 과연 어떤 분이신가? 그는 빛이시며 의로우시며, 사랑이심을 강조하고 있다. 특별히 4장은 하나님의 본질이 무엇임을 잘 말씀하고 있다. "사랑하는 자들아 우리가 서로 사랑하자 사랑은 하나님께 속한 것이니 사랑하는 자마다 하나님께로서 나서 하나님을 알고 사랑하지 아니하는 자는 하나님을 알지 못하나니 이는 하나님은 사랑이심이라"(요일4:7-8).

5장의 말씀은 우리들에게 참된 확신을 준다. "또 증거는 이것이니 하나님이 우리에게 영생을 주신 것과 이 생명이 그의 아들 안에 있는 그것이니라. 아들이 있는 자에게는 생명이 있고 하나님의 아들이 없는 자에게는 생명이 없느니라. 내가 하나님의 아들의 이름을 믿는 너희에게 이것을 쓴 것은 너희로 하여금 너희에게 영생이 있음을 알게 하려 함이라"(5:11-13) 시험에 있는 자들에게는 빛 가운데 행하라, 스스로 죄인임을 시인하라, 하나님의 뜻에 순종하라, 그리스도를 본받으라고 권면한다.

요한 2서와 3서는 자신의 이름 대신에 '장로'란 명칭을 사용하고 있기 때문에 장로 요한의 저작이 아닌가 하고 추측하기도 하지만 여기서는 연장자란 의미밖에 없으므로 사도 요한의 기록임이 분명하다. 요한 2서는 당시 이단인 영지주의자들이 순회 전도자들과 교사들처럼 교인들의 집에 다니면서 폐를 끼치고 있었기 때문에 이것을 바로 분별하도록 하기 위해서 기록하였고, 요한3서는 개인적으로 가이오와 데메드리오가 베푼 대접에 대해 감사하고, 요한의 권위에 대해 도전하고 있는 디오드레베를 경고하기 위해서 기록하였다.

2서는 13절밖에 안 되는 짧은 서신이다. 그러나 그 안에 진리란 말이 다섯 번이나 나오고, 사랑이란 말이 네 번이나 나온다. 이것은 진리와 사랑의 뗄 수 없는 관계를 말씀하고 있는 것이다. 그러면 참 사랑이란 무엇인가? 6절에 보면 이렇게 말한다. "또 사랑은 이것이니 우리가 그 계명을 좇아 행하는 것이요"

요한3서는 삼박자 구원이란 말 때문에 유명해진 구절이다. "사랑하는 자여, 네 영혼이 잘 됨같이 네가 범사에 잘되고 강건하기를 내가 간구하노라"(요삼2절) 요한 3서는 당시의 거짓 교사인 디오드레베가 어떤 인물임을 아주 구체적으로 말씀하고 있다. 그는 으뜸 되기를 좋아하고, 대접하기를 싫어하고, 거짓되고, 헛된 말로 평하기를 좋아하는 사람이었다고 기록하고 있다(9-10). 이것은 오늘의 거짓 교사들의 본질도 잘 말씀해주고 있는 것이다.

유다서는 어떤 책인가?

유다서는 주님의 형제인 유다에 의해 기록된 서신이다. 이 유다는 주님과 함께 다닌 자요, 베드로와도 친숙한 관계를 가진 분이었기 때문에 베드로 서신과 많은 점에서 공통점을 가지고 있다. 유다서를 기록한 목적은 3절과 4절에 아주 분명하게 말씀하고 있다. 당시 유다는 성도들에게 믿음의 도를 위하여 힘써 싸우라는 편지를 하고 싶었던 차에 이단이 교회 안에 가만히 들어오고 있음을 보고 경고하기 위해서 이 서신을 기록하였던 것이다. "이는 가만히 들어온 사람 몇이 있음이라. 저희는 옛적부터 이 판결을 받기로 미리 기록된 자니 경건치 아니하여 우리 하나님의 은혜를 도리어 색욕거리로 바꾸고, 홀로 하나이신 주재 곧 우리 주 예수 그리스도를 부인하는 자니라"(유1: 4)

그러면 유다서에 기록된 이단은 어떤 성질을 가지고 있는 자들인가? 첫째로 이들은 경건치 아니한 자들이었다. 다시 말하면 세상적인 사람들이었다(4절). 둘째는 우리 하나님의 은혜를 도리어 색욕거리로 바꾸는 자들이었다. 다시 말하면 육적인 사람들이었다는 것이다(4절). 셋째는 이들은 홀로 하나이신 주재 곧 우리 주 예수 그리스도를 부인하는 자라고 하였다. 다시 말하면 이들은 회의적인 사람들이었다(4절). 넷째로 권위를 업신여기며 영광을 훼방하는 자들, 즉 부정적인 자들이었다(8절). 다섯째로 입에는 항상 원망과 불평이 가득한 자들이었고 이(利)를 위해서는 아첨하는 자들이었다고 하였다(16절). 끝으로 이들은 당을 짓는 자며, 육에 속한 자요, 성령이 없는 자라고 하였다(19절).

유다서는 단순히 이단에 관한 경고에서 끝나지 않고 보다 적극적으로 권면한다. 즉 우리 믿는 자들은 영적으로 성장해야 하고 기도생활을 바로 해야 할 것을 말씀한다. "사랑하는 자들아 너희는 너희의 지극히 거룩한 믿음위에 자기를 건축하며 성령으로 기도하며 하나님의 사랑 안에서 자기를 지키며 영생에 이르도록 우리 주 예수 그리스도의 긍휼을 기다리라"(유1:20, 21)

24, 25절은 축도로 되어 있다. 이 축도는 죄에 빠지지 않도록 능히 지키시며 하나님의 영광 앞에 서게 하셔서 우리를 영화롭게 해주시는 분임을 말씀하면서 하나님에게 영광을 돌리고 있다. 결국 성도의 해야 할 마지막 사명은 하나님께 찬양을 돌리는 것임을 말씀해준다. 그것은 우리를 죄에 빠지지 않도록 지켜주시고, 하나님의 영광에 참여케 해주시는 분이시기 때문이다.

계시록 강해(1)

(1) 주후 95년 경에 소아시아에 흩어진 교회에 주신 말씀이다.
(2) 당시 황제 숭배를 강요하였으며 이를 거절하였을 때에는 경제적 불이익은 물론 심지어 감옥에도 들어갔다.
(3) 사도 요한이 이 말씀을 기록한 목적은 읽고, 듣고, 지키게 하기 위해서였다. 이 명령의 목적은 악에게 넘어가지 않게 하고, 하나님의 축복을 받게 하기 위해서였다.
(4) 성경은 원과 같아서 창세기에서 시작하여 계시록에서 결론이 난다. 계시록의 특징은 종말에 관한 책이며, 상징과 숫자가 많고, 구약의 인용이 많아서 해석이 난해하다.
(5) 계시록의 해석방법에는 과거적 해석, 미래적 해석, 상징적 해석, 교회사적 해석 등이 있다.

계시록은
1) 주후 95년경에 소아시아에 흩어진 교회에 주신 말씀이다. 당시 64년경에는 네로의 핍박으로 베드로가 순교하였고, 95년경에는 황제 숭배를 강요하였다. 사도 요한은 황제 숭배를 거절한 죄로 밧모 섬에 유배되어 있었으며 이때 계시를 받고 기록한 것이 바로 계시록이다.
2) 계시록의 목적은 크게 두 가지이다.

첫째로 하나님께서는 악(로마의 황제들)을 이기신다.

둘째로 마지막 심판의 날이 가까이 오고 있다는 것을 알려주어 준비토록 하는데 있다.

3) 오늘의 내용 요약

사도 요한은 기록자이지 저자는 아니다. 주님이시다. 왜냐하면 그는 들었다는 말을 28회, 기록하라는 말이 12회나 나오기 때문이다. 그러나 바울 서신은 바울이 저자이다(롬16:22에 기록자는 더디오). 이것이 다르다

가) 일곱 교회는 당시 실제로 에게해와 지중해 연안에 있었던 교회들이다. 일곱의 의미는 완전수이다. 따라서 일곱 교회는 세계의 모든 교회를 대표하는 교회를 의미한다. 7의 의미를 이해하기 위해서 성경에 나오는 몇 가지 예를 들어보자.

하나님은 몇 일만에 쉬라고 했지요?(제7일에 쉬라고 했습니다).

며칠 만에 할례를 받으라고 했지요?(7일이 지난 후에 할례를 받으라고 했습니다).

제사장은 피를 몇 번 제단에 뿌리라고 했지요?(7번 제단에 뿌리라고 했습니다).

여호수아가 몇 번 여리고 성을 돌았지요?(7번 여리고를 돌았습니다).

엘리사는 나만 장군에게 요단강물에 몇 번 들어가라고 했습니까?(7번입니다).

느부갓네살은 몇 년 동안 정신병에 걸렸습니까?(7년 동안입니다).

주기도문에는 몇 가지의 간구가 나옵니까?(7가지 간구가 나옵니다).

십자가 위에서 주님은 몇 마디 말씀을 하셨습니까?(7마디의 말씀을 하셨습니다).

나) 성경에 기독교 신앙의 풍성함을 가장 잘 표현하고 있는 말이 '은혜와 평강'(5절)이란 말이다. 은혜는 호감이란 뜻인데 성도들에 대한 하나님의 태도를 말씀한 것이다. 그 결과로 평강이 옵니다. 이것은 성도들이 체험한다. 이 은혜와 평강의 근본은 하나님 아버지이시다. 그는 현재(이제도 계시고) 과거(전에도 계시고) 미래(장차 오실 이)속에 계신 영원하신 분이시다. 이 말은 구약(출3:14)의 '스스

로 있는 자'(I AM)란 말과 같은 뜻이다. 그 뜻은 독립, 불변, 영
원을 의미한다. 일곱 영이란 성령을 뜻하며(사11:2) 충성된 증인
이란 예수님을 말씀한다.

다) 예수님은 어떤 분이신가? 그의 피로 우리를 해방시켜 주신 분
이시다. 이것은 일회로 끝나는 것이 아니라 계속적인 사역이
다. 나라(왕)와 제사장으로 삼으신 분이시다(벧전2:9). 왕 같은
제사장이란 뜻이다. 그리스도 안에 있는 모든 성도는 다 제사
장이다. 그에게는 영광과 능력이 세세토록 계신다(6절). 그것을
우리들에게 주신다. 그는 다시 재림하셔서 모든 것을 심판하신
다.

요한 계시록(2)

1. 기도로 시작한다(영을 눈을 뜨게 하사 주의 법의 기이한 것을 보게 하소서. 말씀을 통해서 삶에 새로운 변화가 일어나게 하소서)

2. 오늘의 말씀을 요약해 보자.

오늘의 내용은 사도가 본 영광스러운 예수 그리스도의 모습이다. 이 것은 흔히 '과게 시제'라고 부른다.

(1) 요한은 자신을 "너희 형제"라고 했다. 형제라 무엇을 말하는가?
  (가) 일반적으로 같은 어머니 밑에서 태어나 출생조건이 같거나,
  (나) 아버지 하나님의 뜻대로 행하는 자,
  (다) 위급할 때 도움을 줄 수 있는 자를 말한다.
그러나 본문에서는 영적 측면에서 세 가지를 말씀하고 있다.

예수의 환난(무거운 돌이 짓누른다는 뜻. 당시 도미시안 황제는 자신을 "나의 주. 하나님" 이라고 고백하게 강요하였다)에 동참하는 자(딤후3:12), 하나님의 나라에 동참하는 자, 참음(롬8:25 "만일 우리가 보지 못하는 것을 바라면 참음으로 기다릴지니라")에 동참하는 자라고 했다.

(2) 요한은 왜 밧모 섬에 있었는가?

밧모 섬은 나무도 별로 없고, 돌이 많아서 채석장으로 유명한 곳이

다. 소아시아 서해안, 밀레도 섬의 반대편에 위치하고 있으며 지름이 8마일 정도이고, 영어의 C자 형으로 되어 있는 섬이다. 1080년에 요한 수도원이 설립되어 있다.

놀라운 것은 이 악조건 밑에서(음식과 옷과 잠자리가 없었습니다. 그래서 땅 바닥에서 그냥 잤다)

하나님의 음성을 들었다는 점이다. 모세는 미디안의 호렙 산에서, 엘리야는 요단강 동편 그릿 시내에서, 이사야는 아합의 핍박 속에서, 에스겔은 망명 중에, 루터는 도망 다니면서, 존 번연은 베드포드(Bedford) 감옥에서, 요한은 밧모 섬에서 하나님의 음성을 들은 것이다. 밤에 별이 더욱 환하게 보이는 것과 같은 이치이다.

왜 밧모 섬에 있었는가? 복음 증거한다는(하나님의 말씀과 예수의 증거를 인하여) 이유 때문이었습니다. 오늘의 초콜릿 신자들에게 경종을 부끄러움을 준다.

(3) 계시는 언제 임하였는가?
주의 날에(복 주만 약속한 특별한 날).
우리는 요한을 통해서 신앙의 세 가지 단계를 본다(보는 단계, 마음 판에 기록하는 단계, 보내고 전하는 단계)

(4) 일곱 교회는 어떤 교회인가?(11절)
유형별로 보면 크게 세 가지로 나눌 수 있다.
칭찬만 들은 교회 = 서머나, 빌라델비아
책망만 들은 교회 = 사데, 라오디게아
칭찬과 책망을 함께 들은 교회 = 에베소, 버가모, 두아디라

(5) 재림하실 예수님의 모습은?

주님의 옷 : 발에 끌리는 옷(대제사장의 모습)

주님의 띠 : 가슴에 금띠(왕의 모습)

주님의 머리 : 머리의 흰 털(신성과 순결의 상징)

주님의 눈 : 불꽃같은 눈(마음속까지 감찰하시는 분)

주님의 발 : 풀무에 단련한 빛난 보석

주님의 음성 : 많은 물소리처럼 형편에 따라 여러 가지로 말씀하심

주님의 손 : 일곱 별(주의 종들)이 있다.

주님의 얼굴 : 해가 힘있게 비추는 것 같음

놀라운 것은 그가 일곱 금 촛대(7교회) 사이에(13절. "in the midst) 계신다는 점이다. 이것은 지금도 마찬가지이다.

주님의 입 : 날선 검(히4:12)

주님의 얼굴 : 해가 힘있게 비취는 것 같음(영광. 행9:3)

요한에게 주신 주님의 위로의 말씀은?

두려워 말라. 사망과 음부의 열쇠를 가지신 분임을 밝혀주심.

3. 마무리기도

(1) 영광스러운 주님의 모습을 보고 오늘의 고난을 참고 견딜 인내
   심을 주옵소서

(2) 승리자 예수님과 함께 오늘의 위기를 극복할 힘을 주옵소서
   # 숫자의 해석에 대한 연구
   (Hartill, Terry, Lange, Gunner의 해석을 중심으로)
   * 하나 = 하나님, 일치
   * 둘 = 분열, 조화된 대조, 증거(예: 여호와 증인)

* 셋 = 삼위일체, 화합
* 넷 = 세상, 창조, 우주
* 다섯 = 하나님의 은혜, 성령이 역사하는 삶(2더하기 3)
* 여섯 = 사람의 숫자, 3곱하기 2
* 일곱 = 완전수, 하나님과 사람 사이의 언약의 숫자
* 여덟 = 부활, 4곱하기 2
* 아홉 = 심판, 성령의 완전한 역사(3곱하기 3)
* 열 = 완전수, 시간의 완전한 과정(5더하기 5)
* 열둘 = 선택 수, 하나님의 통치의 완성
* 사십 = 시험, 시련, 구원을 위한 역사의 발전
* 칠십 = 하나님의 백성의 심판의 때

계시록과 사탄 마귀

(1) 사탄 마귀에 대한 환상(20:1-3)

사탄은 천 년간 감금한 이유는 무엇일까? 분명히 하나님의 나라는 임하지 않았다. 그것은 매일의 신문, 텔레비전을 보아도 금방 알 수 있다. 매일의 사건들은 사탄이 아직도 건재하고 있다는 것을 여실히 보여준다.

그렇다면 어떻게 사탄이 결박되어 있다고 할 수 있는가? 따라서 이 환상은 아직 미래에 일어날 일에 대한 묘사라고 보기 쉽다. 여기서 전천년설이 나온다. 그러나 천년을 문자적으로 해석하는 것은 인류역사 6000년 설에 근거한다. 즉 6000년의 인류 역사 후에 1000년 동안의 안식이 뒤따른다는 것이다. 바로 이 해석이 다미선교회의 시한부종말론의 해석이었다. 위험한 해석이다.

그러면 여기서 말하는 것은 무엇인가?

첫째는 사탄 마귀의 행위이다. 사탄은 결박되어 있다. 무엇보다도 주님의 비유가 이것을 증명하고 있다. 공관복음서에 보면(마12:29, 막3:27) 강한 자의 집에 들어가 그를 먼저 결박하지 않고는 그 집을 늑탈하지 못한다는 비유가 나온다. 그것은 바로 성육신할 때에 사탄에게 일어날 일을 말씀하고 있는 것이 틀림없다. 다시 말하면 주님의 초림과 함께 하나님의 나라가 임하였다는 뜻이다.

그렇다면 여기서 사탄의 감금이 무엇을 의미하는가? 왜냐하면 현실적으로 볼 때에 사탄은 여전히 자유롭게 활동하고 있는 것처럼 보이기 때문이다. 결박한다(계20:2)는 뜻은 위에서 말한 공관복음의 말씀과 연결시키고 있다는 것으로 보아야 한다.

둘째로 여기서 보여주는 것은 사탄을 구덩이에 던진 목적이다.

사탄을 "다시는 만국을 미혹하지 못하게"하기 위해서 구덩이에 던진 다는 것이다. 그러면 지금의 사탄의 활동과 무엇이 다른가? 그리스도의 오심은 만국을 비추는 빛(눅2:32)이시고, 또 그를 통해서 시온의 대로가 열려진 것이다. 그뿐 아니라 오순절의 성령 강림으로 인해서 성도들은 성령의 능력을 받게 된 것이다. 따라서 그리스도의 오심 후에도 사탄의 유혹은 계속되었지만 그러나 성도는 결단코 사탄이 지배하게 할 수 있는 것이 아니라는 차이점이 있다. 따라서 그리스도의 초림과 함께 천년왕국은 시작된 것이며 그 기간이 끝날 때 사탄은 잠깐 동안 제한된 자유 속에서 놓임을 받아 성도들을 괴롭힌다(계20:7-8).

계시록의 순서를 보면 사탄의 패배, 성도가 부활하여 천년 동안 왕노릇함, 사탄이 돌아 왔을 때에 곡의 반란이 일어나고, 마지막 전투가 있은 후에 21장에서 새로운 예루살렘의 건설이 있다고 기록하고 있다. 에스겔서 35-37장과 38-39장, 40-48장에도 유사한 기록을 볼 수 있다. 그러나 요한의 마지막에 대한 계시의 순서는 역사적 순서가 아니라는 점을 아는 것이 중요하다. 데살로니가후서 2장에 보면 재림 직전에 "먼저 배도하는 일이 있고, 불법의 사람이 나타난다"고 하였다(3절). 비록 지금은 불법의 비밀이 이미 활동하고는 있지만(6-7절), 현재는 신적 능력이 이것을 막고 있다고 하였다. 그 제한이 풀렸을 때 세상은 다시 사탄의 역사, 불의의 모든 속임을 보게 된다(9-10절)는 것이다. 따라서 바울의 계시인 파루시아는 그리스도의 영광스러운 재림(살전2:8)을 뜻하는 것으로 보는 것이 좋다.

여기에 나오는 세 구절은 끝없는 논쟁을 일으키고 있다. 그러나 분명한 것은 천사에게 여섯 가지의 기능을 감당하도록 능력을 부여한다는 말씀이다. 첫째는 용을 잡음. 둘째는 천년 동안 용을 결박함. 셋째는 무저갱에 던져 넣음. 넷째는 무저갱에 감금함. 다섯째는 만국을 다시 미혹하지 못하도록 사탄 위에 인을 봉함. 여섯째는 사탄을 1000년 후에 풀어줌이다.

구약성경 강해

창세기는 어떤 책인가?

성경 가운데 제일 먼저 나오는 것이 창세기이다. 창세기에는 여러 가지의 시작이 기록되어 있다. 세상의 시작은 물론이고, 가정의 시작, 예배의 시작, 살인의 시작, 일부다처제의 시작 등 수많은 시작을 보여주고 있다.

그러나 엄밀히 말하면 창세기는 선민의 시작과 족장들의 역사를 기록한 책이라고 할 수 있다. 따라서 창세기에서 제일 중요한 구절은 "태초에 하나님이 천지를 창조하시니라"(창1:1)는 말씀이다. 이 말씀은 성경 전체의 서론이지만 또 어떻게 보면 창세기의 결론이기도 하다.

창조의 순서를 보면 첫째 날과 둘째 날과 셋째 날에는 배경을 창조하셨고, 넷째 날 다섯째, 여섯째 날에는 그 배경에 거할 내용물을 창조하셨다고 하였다. 놀라운 것은 첫째 날(빛)과 넷째 날(해, 달, 별)이 서로 연결되고, 다음에는 둘째 날(궁창)과 다섯째 날(물고기, 새)이 서로 연결되고, 끝으로 셋째 날(땅, 바다, 식물)과 여섯째 날(짐승, 사람)이 연결되어 있다는 점이다. 여기서 보여주는 것은 인간은 하나님의 창조의 면류관이란 점이다.

제2장에는 생명나무에 관해 기록하고 있다. 이 생명나무는 인류에게 생명을 유지시켜주는 일을 하였다. 아담이 범죄한 후에 생명나무를 먹었다면 그는 죽지 않았을 것이다. 그리고 죽음이 모든 인류에게 전해지지 않았을 것이다. 그러나 아담이 에덴동산에서 쫓겨남으로써 생명

나무를 먹을 수 없게 되었고, 따라서 인간은 죽을 수밖에 없는 존재가 된 것이다. 다음으로 창세기 2장 초두에 보면 첫 안식일에 관한 말씀이 나온다. 여기서 우리는 안식일 신학과 주일 신학에 대한 바른 이해가 필요하다. 안식일은 창조기념일로서 옛 창조의 완성일이다. 이 날을 지키는 것은 이스라엘에게만 주신 계명이다. 반대로 주일은 부활 기념일로써 새 창조의 완성일이다. 이 날을 지키는 것은 모든 신자에게 주신 계명이기 때문에 신약시대에 사는 우리들은 반드시 주일을 지켜야 하는 것이다.

또 2장에는 성경에 나오는 네 동산 중에서 첫 동산에 관한 기록이 나온다. 따지고 보면 성경의 역사는 네 개의 동산을 중심으로 된 것을 볼 수 있다. 첫째가 에덴동산으로서 죄가 들어온 곳이며, 둘째가 겟세마네 동산으로서 그리스도께서 죽음을 괴로워하시면서 기도하신 곳이고, 다음은 갈보리로서 주님이 죽어 장사지낸 곳이고, 끝으로 중요한 것이 마지막 책인 계시록에 나오는 낙원이란 동산이다.

창세기 3장에는 인간의 타락이 나오고, 그 결과 죽음이 왔다고 기록하고 있다. 여기서 우리가 주목해야 할 것은 창세기의 구조이다. 창세기는 서론이 1-11장으로 되어 있다. 여기에 나오는 중요한 주제는 크게 세 가지이다.

첫째가 인간의 범죄요, 둘째가 하나님의 심판이요, 셋째가 하나님의 은혜이다. 이 주제로 네 가지의 사건을 중심으로 기록된 것을 볼 수 있다. 먼저 아담의 범죄와 그 결과로 온 실낙원, 그러나 그럼에도 불구하고 하나님께서 은혜로 가죽 옷을 해 입혔다는 사실이다. 다음의 사건은 가인이 아벨을 죽인 사건이고, 그 결과 가인은 유리하는 자가 되었으나, 그러나 하나님은 가인에게 은혜를 베푸사 그를 죽이지 못하도록 일곱 배나 엄한 법을 만드셨고, 더 중요한 것은 가인을 보호하기 위해서 표를 주셨다고 하였다.

다음이 창세기 6장 2절의 말씀이다. "하나님의 아들들이 사람의 딸들의 아름다움을 보고 자기들의 좋아하는 모든 자로 아내를 삼는지라"는 구절은 셋 계열의 아들들이 가인계열의 딸들과 결혼하므로 두 문화가 섞이게 되었다는 점이다.

여기서 하나님은 사람 지으신 것을 크게 한탄하셔서 노아의 홍수심판을 내리셨으나 그 때에도 하나님은 그 여덟 가족을 은혜로 구원하셨다고 하였다.

다음 사건이 바로 창세기 11장 4절에 나오는 말씀이다. "자, 성과 대를 쌓아 대 꼭대기를 하늘에 닿게 하여, 우리 이름을 내고 온 지면에 흩어짐을 면하자 하였더니."

여기서 우리는 인간의 삼중범죄와 삼중구원을 본다. 삼중범죄란 첫째로 성과 대를 쌓아 대 꼭대기를 하늘에 닿게 하자는 교만의 죄와 다음은 우리 이름을 내자는 허영심의 죄와 끝으로 온 지면에 흩어짐을 면하자는 구룹조성의 죄를 말한다.

그 결과 하나님은 삼중심판을 내리셨는데 그 첫째가 바벨탑을 무너뜨리신 심판이요, 둘째가 수치요, 셋째가 분산이었다. 그 결과가 10장에 나오는 언어들의 혼잡으로 인한 나라들의 이름과 분산이다. 이것은 나중에 사도행전 2장의 오순절 때 방언으로 인해 회복된다.

이렇게 서론을 기록한 뒤에 12장에 아브라함의 이야기가 나온다. 이것은 바로 11장에 나오는 심판과 연결된다. 즉 아브라함의 선택은 바로 하나님의 은혜임을 보여주는 것이다. 여호수아 24장 14절을 보면 아브라함은 본래 우상을 섬기던 자였음을 잘 보여준다. 즉 그가 리더십이 있고, 믿음이 좋아서 하나님이 그를 택한 것이 아니라 하나님의 은혜로 그를 택했다는 말이다. 다시 말하면 은혜의 신학이 바로 창세기의 기본내용인 것이다.

　따라서 창세기는 선민 이스라엘을 하나님이 택하게 된 이유를 보여 주는 책이다. 다음에 나오는 족장들의 이야기도 자세히 보면 그들이 결코 영웅이나 위인들이 아니라 사실은 죄인들이었지만 그럼에도 불구하고 하나님은 그들을 버리지 아니하시고, 택하여 구원하여 주셨다는 것을 보여줌으로써 성경의 참 주연 스타는 바로 하나님이심을 말해준다.

출애굽기는 어떤 책인가?

출애굽기는 한마디로 말해서 이스라엘의 해방의 역사를 기록한 책이다. 아마도 신학적으로 구약에서 가장 핵심이 되는 부분이 있다면 바로 출애굽기라고 할 수 있다. 왜냐하면 신약의 핵심이 바로 예수님의 십자가 사건이라면 구약에 있어서 십자가의 모형이 바로 출애굽 사건이기 때문이다.

이스라엘의 역사를 보면 크게 세 번에 걸친 출애굽 사건이 있었다. 첫째는 모세를 통하여 애굽에서 해방된 사건이요 둘째는 바벨론 포로로 잡혀갔던 이스라엘 백성이 바사의 고레스왕의 칙령으로 귀국한 사건이요, 마지막은 예수님으로 말미암아 죄와 사탄의 쇠사슬에서 벗어나 참 자유를 얻게 된 사건이다.

출애굽의 내용은 크게 세 가지로 되어 있다. 첫째는 애굽에 예속된 이스라엘의 형편, 둘째는 해방되는 과정, 셋째는 하나님께서 광야생활을 하는 이스라엘에게 주신 계시의 내용으로 되어 있다. 이 해방사에서 주인공은 모세처럼 보인다. 그러나 좀 더 깊이 연구해 보면 모세를 통해서 역사하신 하나님이신 것을 볼 수 있다.

출애굽기 3장에 기록된 모세의 소명 이야기는 참으로 극적이다. 하나님께서 떨기나무 불꽃 가운데서 모세에게 나타난 사건은 세 가지의 중요한 모형적 진리를 보여준다. 첫째는 하나님의 모습이다. 하나님은 나무 축에도 못 드는 떨기나무에 불로 나타나셨다. 즉 겸손한 자에게 나타나시는 분이시요, 불처럼 능력을 소유한 분이시란 말이다. 둘째는 이스라엘의 모형이다. 이스라엘은 오랜 세월 동안 불과 같은 고난을 당했으나, 그러나 그들은 꺼지지 않는 불처럼 견디어 왔다. 참 놀라운 것은 하나님은 마치 대장간의 대장장이처럼 그의 백성들을 취급하신다. 대장장이는 쇠를 빨갛게 달구어서 망치로 자기가 원하는 형태로 만들어간다. 이것은 오늘날도 진리이다. 우리가 하나님이 원하는 형태가 되기 전에는 하나님은 우리를 용광로에 넣으셔서 달군 후에 계속해서 망치로 치셔서 그가 원하는 형태로 만드신다는 말이다.

셋째로 모세의 모형이기도 하다. 모세는 자기가 이스라엘을 해방시킬 수 있다고 생각했을 때에는 혈기로 살인자가 되어 미디안 광야로 도망간 신세가 되었으나 노년에 이제는 아무것도 할 수 없다고 생각했을 때에는 하나님의 소명을 받아 크게 쓰임을 받게 된다. 이것은 내가 누구관대 바로에게 가며 이스라엘 자손을 애굽에서 인도하여 내리이까? 라는 겸손 속에서도 잘 나타난다.

가장 극적인 장면은 하나님께서 모세야 모세야 하시면서 부른 후에 너의 선 곳은 거룩한 땅이니 네 발에서 신을 벗으라는 소명에서 나타난다. 당시 노예들은 맨발로 다녔다. 오직 자유인들만이 신을 신었다. 성경에는 모세가 신을 벗었다는 말은 없다. 그러나 상황으로 보아 그도 여호수아처럼 신을 벗은 것이 틀림없다. 여기서 하나님은 보고 듣고 알고 건져내고 인도하시며 날마다의 역사 속에 계시는 분임을 말씀하신다. 놀라운 것은 하나님께서 모세를 준비하신 후에 그를 통해서 당시 제국인 애굽의 바로를 굴복시키신 일이다. 이것은 모세의 승리라기보다는 애굽의 신보다 하나님의 권능이 얼마나 큰 것을 보여준다.

출애굽기의 핵심은 12장의 유월절 사건에 나온다. 하나님은 모세를 통해 열 가지 재앙을 애굽에 내리시므로 하나님께서 모세와 함께 계신다는 것과 하나님의 권능이 얼마나 크심을 보여주었다. 그러나 바로의 마음은 완악하여서 굴복하지 않았다. 그러자 하나님은 이스라엘로 하여금 양의 피를 집 문 좌우 설주와 인방에 바르게 하여, "내가 피를 볼 때에 너희를 넘어가니 재앙이 너희에게 내려 멸하지 아니하리라"(출 12:13)는 말씀대로 피를 바른 이스라엘의 집에만 구원이 임하게 된다. 이것이 유명한 유월절이요 이 사건에서 바로가 애굽의 종 되었던 이스라엘을 놓아주게 된다.

출애굽기의 내용을 살펴보면 그것이 바로 예수님의 생애 속에 꼭 같이 일어났다는 점이다. 예를 들면 이스라엘이 애굽에 있다가 나온 것처럼 예수님도 애굽에 피란 가셨다가 나왔고, 이스라엘이 홍해를 건넌 것처럼 예수님도 세례를 받으셨고, 이스라엘이 40년간 광야의 생활을 한 것처럼 예수님도 40일간 광야에서 시험을 받으셨다. 또 이스라엘이 시내산에서 하나님의 십계명을 받은 것처럼, 예수님도 팔복산에서 제자들에게 말씀을 주셨다. 이스라엘이 요단강을 건넌 것처럼 예수님도 십자가의 죽음을 죽으셨고, 마침내 가나안 땅인 천국으로 인도해주신다.

출애굽기에서 주목할 것은 시내산의 언약이다. 당시 언약의 형태를 보면 헷 족속의 조약형태와 유사한 것을 볼 수 있다. 여섯 가지의 내용으로 되어 있는데 첫째는 전문, 둘째는 역사적 진술, 셋째는 규정들, 넷째는 보존과 읽기, 다섯째는 증인들, 여섯째는 축복과 저주로 되어 있다. 그 중에서 세 가지가 출애굽기에 나온다. 20장이 바로 그것이다. 2절에 보면 "나는 너의 하나님, 여호와로라"는 전문이 나오고, 다음에는 "너를 애굽의 종 되었던 집에서 인도하여 내었다"는 역사적 진술이 나온 후에 3절서부터 열 가지의 규정들이 나온다. 이 시내산 언약의 구조에 대한 이해 없이는 십계명의 바른 이해는 불가능한 것이다. 결국 하나님은 주신 후에 명령하시는 분이신 것이다.

레위기는 어떤 책인가?

　성경에서 가장 재미없는 책이 바로 레위기이다. 그래서 레위기는 그 사람의 인내력을 측정할 수 있는 책이기도 하다. 많은 사람들이 해마다 새해가 되면 금년에는 성경을 읽어야지 하고 결심을 하게 되고, 창세기부터 읽기 시작한다. 그러다가 레위기에오면 중단하고 만다. 나도 이렇게 하기를 여러 번, 그러다가 레위기에서 은혜를 받은 것은 신학을 공부한 뒤부터였다. 레위기는 크게 두 부분으로 나누어진다. 첫째는 1-10장까지로써 하나님께 나아가는 길, 즉 성자의 사역이 나오고, 둘째는 11-25장까지로서 하나님과 동행하는 길, 즉 성령의 사역이 언급되어 있다. 이 얼마나 중요한 주제들인가? 이렇게 보면 레위기야 말로 성경의 핵심을 다루고 있다고 볼 수 있다.

　하나님께 나아가는 길에서는 구약의 5대제사를 언급하고 있다. 물론 이 5대제사는 신약에 와서 그리스도의 십자가로 완결되고, 오늘에 와서는 예배로 통합되고 있지만 그 의미를 바로 이해하려면 레위기의 말씀으로 돌아가지 않으면 알 수가 없다. 5대제사중 첫 번째가 1장에 나오는 번제인데 이것은 십자가에서 주님이 다 이루었다고 했을 때 주님의 완전한 헌신으로 다 성취된 것이다. 두 번째가 2장에 나오는 소제인데 이 제사의 특징은 피가 없는 제사란 점이다. 좋은 가루, 혹은 구운 과자이다. 좋은 가루란 그리스도의 완전한 성품과 생애를 말해준다. 이것은 우리가 하나님 앞에서 흠 없는 삶을 살아야 할 것을 말씀한 것이다. 셋째가 3장에 나오는 화목제이다. 제사의 절차는 비슷하지만 차이가 있다면 예배자가 그 제물의 부분을 돌려받아 먹는 점이다. 가장 좋은 부분은 하나님께 드리고 나머지는 예배자가 먹는다. 이것은 죄의 짐이 옮겨졌다는 것을 보여주고 또 예배자와 하나님 사이에 화목이 이루어진 것을 보여준다. 이것은 그리스도를 떠나서는 화목이 없고, 참 화목이 이루어질 수 없음을 말해준다.

다음은 4장에 나오는 속죄제와 5장에 나오는 속건제가 있다. 이 둘은 매우 밀접하게 관련되어 있다. 이것은 죄인들을 위해서 죽으신 그리스도의 양면성을 보여준다. 속죄제는 인간의 본성에 입각하여 죄를 보고 자신이 죄인이라는 것을 깨닫게 해준다. 반대로 속건제는 죄악된 행위 하나 하나에 강조를 두고 있다. 그래서 범법자가 한 행동에 대해 손해배상을 해야 한다는 데 특징이 있다. 여기서 우리들에게 보여주는 것은 죄는 값이 지불되어야 한다는 것과 진실 된 회개는 손해배상이 함께 이루어진다는 것을 깨닫게 한다.

레위기의 둘째 부분은 하나님과 동행하는 길을 말해준다. 제일 앞부분에 나오는 것이 11장에 나오는 음식에 관한 규례이다. 물론 이것은 의식법이기 때문에 신약시대를 살아가는 우리가 글자 그대로 지켜야 할 필요는 없다. 그러나 놀라운 것은 오늘의 유명한 영양식품학자들이 이구동성으로 극찬하고 있다는 점이다. 소위 콜레스테롤이 많은 음식들을 금지하고 있는 것은 현대의 과학자들까지 놀랄 지경이다. 그러나 레위기에 나오는 음식에 관한 규례들은 근본적으로는 영적 의미에 그 중요성이 있는 것이다.

음식에 관한 법을 유대인들은 카쉬루트(kashrut)라고 부르는데 여기에 보면 먼저 짐승에 관한 법으로서 새김질하는 것과 굽이 갈라진 짐승만으로 먹도록 되어 있다. 이것은 온순하고 깨끗한 것, 다음에는 분별된 교제를 상징한다. 다음은 물고기에 관한 규례로서 비늘과 지느러미가 있는 것을 먹으라고 했는데 놀라운 것은 콜레스테롤이 많은 뱀장어나 가재, 새우, 조개류들을 금지하고 있다는 점이다. 끝으로 기어 다니는 곤충류는 날개가 있고, 기는 것은 부정하다고 하였다.

그러나 여기서 기억할 것은 신약시대에는 모든 식물이 다 거룩하다 (막7:19)고 했고, 하나님이 지으신 모든 것이 다 선하다(딤전4:4)고 하였다는 점이다. 그러나 사도행전 15:20절에 보면 유대인들과의 교제를 위해서 잠정적으로 금지한 세 가지다. 우상의 제물과 목매여 죽인 것과 피를 금지하고 있다. 이것은 바울이 로마서에서 교훈한 고기에 대한 교훈과 비교해볼 때 형제들에게 신앙적 해를 주는 것은 우리가 사랑의 동기에서 스스로 자제해야 할 것을 가르쳐준다.

12장에 나오는 해산에 관한 법은 산부인과 의사들이 깊이 연구해야 할 대목이다. 13장에 나오는 문둥병은 죄의 성질을 우리들에게 너무도 분명히 보여준다. 죄는 크게 다섯 가지의 성질을 가진다고 했다. 첫째는 피부보다 우묵하다(3절)고 했으니 죄란 표면적인 것이 아니라는 것이고, 둘째로 퍼진다(7절)고 했으니 죄란 하나로 끝나는 것이 결코 아니란 말이다. 셋째로 더럽힌다(44-46절)고 했다. 다시 말하면 마음과 몸을 더럽히는 것이 죄란 뜻이다. 넷째로 문둥병은 격리를 시키듯이(46절) 죄는 언제나 우리들을 하나님과 타인으로부터 고립시킨다는 말이다. 다섯째로 문둥병에 걸린 사람의 옷이나 더럽혀진 모든 것은 다 소각을 시켰듯이(52절) 죄는 마침내 심판의 불을 받게 된다는 말이다.

전반부에 나오는 5대제사는 하나님께서 우리들에게 어떻게 접근하시는가를 순서적으로 보여준다. 그러나 인간이 하나님께 나아가려면 그 순서를 반대적으로 하면 된다. 요컨대 레위기는 읽기는 어렵고 지루하지만 그러나 그 뜻은 대단히 깊고 오묘한 말씀이다.

민수기는 어떤 책인가?

본래 민수기란 말은 '광야에서'란 제목이었으나 두 번에 걸친 백성들의 수를 셌다는 뜻에서 민수기라고 부르게 되었다. 민수기의 내용은 광야에서의 이스라엘의 삶을 기록한 책으로서 모세의 고뇌에 찬 모습을 잘 보여준다. 우리가 잘 아는 대로 모세는 얼마나 위대한 지도자였던가? 그럼에도 불구하고 모세도 이스라엘 백성들의 불평과 원망 속에서 수많은 고난을 겪어야만 했던 것이다. 그렇다면 내가 고난을 당하는 것은 당연하지 않은가? 그러면 왜 나는 이런 고난을 당해야만 했는가? 기도원에서 그 이유를 하나님께 물으면서 눈물을 흘리고 있었을 때에 필자는 이런 해답을 얻었다.

인생이 성공하려면 고생대학을 졸업해야 한다. 특별히 인내과를 전공하지 않으면 위대한 인물이 될 수는 없다. 모세는 물론 요셉이나 욥이 다 그런 인물들이 아니던가? 생각해 보면 나도 모세처럼 배우기는 했지만 겸손도 모자라고, 인내도 모자란 인물이 아닌가? 이렇게 생각하면서 민수기를 읽으니 바로 나를 위해 기록한 책이란 느낌이 들고 그렇게 은혜가 될 수가 없었다.

그러면 민수기의 내용은 무엇인가? 광야를 여행하는 이스라엘 백성의 불평이 처음부터 끝까지 계속하고 있다. 처음에는 여행에 대한 불만이 가득 찼었고, 다음에는 길이 나쁘다고 불만이었고, 다음에는 음식에 대한 불만이었다. 심지어 여동생인 미리암이 모세의 지도력에 대해

도전하였다. "하나님이 모세와만 말씀하셨느냐? 우리와도 말씀하지 아니하셨느냐?" 하면서 항의하였다.

가장 큰 문제점은 하나님의 약속에 대한 불신앙이었다. 열두 명의 정탐꾼의 보고를 들었다. 10명은 그 땅 거민은 강하고, 성읍은 견고하고 심히 크다. 우리는 메뚜기에 불과하다고 하면서 원망할 뿐 아니라 다시 애굽으로 돌아가자고 주장하였다. 오직 여호수아와 갈렙만이 그들은 우리 밥이라고 하였다. 이들은 다 같이 꼭 같은 것을 보았지만 열 명은 신앙이 없었고, 둘은 신앙이 있었기 때문에 그 결론이 정반대였던 것이다.

그래서 하나님은 진노하셨다. 어느 때까지 나를 믿지 않겠느냐고 하시면서 정탐꾼들이 정탐한 날을 1일을 1년을 계산하여 40년을 광야생활 하도록 하신 것이다. 이 광야생활 중에서 주목할 것은 하나님께서는 이들에게 법률을 제정케 하셨고, 때로는 반란이 일어나기도 하였지만 그 때마다 함께 하셔서 다 해결해주신 점이다. 저들이 목이마를 때에는 바위를 치게 하셔서 이들의 갈증을 해소시켜주셨다. 지금도 나그네 인생들을 이 광야세상에서 목이 말라 몸부림을 친다. 세상의 것으로 목을 추겨보지만 그러나 갈증은 더욱 심해진다. 이것을 해소시킬 방법이 무엇인가? 반석 되시는 주님으로부터 주시는 생명의 말씀밖에는 없다는 것을 보여준다.

특별히 민수기 21장의 불뱀 사건은 요한복음 3장에서 예수님께서 인용하신 유명한 사건이다. 길이 나쁘다고 원망한 이스라엘을 하나님은 불뱀을 통해서 징계하셨다. 왜냐하면 이 원망은 결국 하나님께 대한 비방이요 불신앙의 결과이기 때문이었다. 이때 백성 중에 죽는 자가 많이 생겼다. 그러자 백성들이 모세에게 회개하면서 중보의 기도를 요청하였다. 모세가 하나님께 기도할 때에 하나님은 장대에 놋뱀을 만

들어 달고 보면 살 것이라고 하였다. 이것을 예수님은 요한복음 3:
14-15절에서 이렇게 인용하셨다. "모세가 광야에서 뱀을 든 것같이 인
자도 들려야 하리니 이는 저를 믿는 자마다 영생을 얻게 하려 하심이
니라." 여기서 중요한 것은 예수님의 모형론적 해석이다. 장대는 바로
십자가를 뜻하고, 놋뱀은 주님 자신을 모형론적으로 말씀한 것이고 본
다는 것은 믿음의 눈으로 본다, 즉 신앙을 뜻하는 것으로 주님은 해석
하셨다.

마침내 이스라엘이 모압 평지에 도달했다. 이곳은 바로 요단강 건너
편 여리고 맞은편이다. 다시 모압족은 이스라엘의 그 많은 숫자에 겁
을 먹게 되었고, 이것을 해결하기 위해 발람이란 거짓 선지자를 통하
여 이스라엘을 저주케 하였다. 발람이란 말은 탐닉하는 자란 뜻이다.
그는 이름의 뜻대로 물질에 눈이 어두운 자였다. 알려지기로는 그는
메소포타미아의 점술가라고 한다. 발람은 이스라엘을 저주하려고 했지
만 하나님께서 세 번이나 금지시키셨다.

신약에 보면 발람은 불의의 삯을 사랑하는 자(벧후2:15)라고 하였고,
계2:14절에서는 우상의 제물을 먹게 하였고, 또 행음하게 하였다고 표
현하였다. 결국 발람은 발락에게 이스라엘과 친분을 맺은 후 그들을
미혹해서 마침내 타락으로 인하여 멸망을 당하도록 한 것이다.

신명기는 어떤 책인가?

본래 신명기의 히브리어의 책이름은 1:1절의 말씀인 "이는 말씀이니라"로 되어 있으나 칠십인역에서는 '제2의 율법'이란 말의 듀테로노미온이라고 불렀다. 그 뜻은 신명기에는 모세가 시내산에서 하나님으로부터 율법을 받은 이후에 태어난 사람들에게 새롭게 율법을 준 기록이다. 따라서 그 내용을 보면 율법이 반복되어 있고, 새롭게 적용하고 있으며 그 내용을 보다 넓게 전개한 것을 볼 수 있다. 한글로는 신명기(申命記)라고 되어 있는데 그 뜻은 하나님의 계명을 더욱 자세히 설명해 주는 책이란 말이다.

신명기에서 가장 문제가 되고 있는 것은 34:1-8절에 나오는 모세의 죽음에 대한 기록이다. 모세가 기록했다면 어떻게 자신의 죽음에 대해 기록할 수 있느냐는 이의가 제기되기 때문이다. 그러나 일반적으로 이 구절을 모세 자신의 예언으로 취급하여 해결한다.

신명기에 보면 십계명이 5:7-21절에 나온다. 나머지 부분들은 이 십계명을 확대 적용한 것이라고 볼 수 있다. 이스라엘은 이 율법을 듣고 배우고, 지키며 행하도록 되었는데 그것이 바로 하나님을 높이는 비결이며, 승리와 축복의 비결이기 때문이었다. 6장에는 가장 유명한 '쉐마'(Shema)가 나온다. 이 쉐마란 말은 들으라는 히브리어이다. 이것은 6:4-9절에 있는 말씀을 두고 하는 말이다. 이 쉐마는 유대인들의 교육의 핵심이며 저들의 종교교육의 내용이라고 할 수 있다. 잠언 22:6절에 보면 "마땅히 행할 길을 아이에게 가르치라. 그리하면 늙어도 그것을 떠나지 아니하리라"고 하였다.

우리말에도 세 살 적 버릇이 여든까지 간다는 말이 있지만 어릴 때의 교육은 참으로 중요한 것이다. 인간의 뇌 속에는 140억 개의 뇌세포가 있는데 인간이 자극을 받게 될 때에 뇌세포 사이에 수상돌기가 생겨 서로 연결될 때 머리의 좋고 나쁨이 결정된다고 한다. 그런데 세 살 때까지 적어도 70%의 뇌세포의 배선이 이루어진다고 하니 세 살 적 버릇이 여든까지 간다는 말이 맞다. 그래서 유대인들은 어린 아이들의 교육을 강조하고 있고, 그 결과 노벨상의 삼분의 일이 유대인들이며 미국의 저명대학의 교수들의 30%가 유대인 계통이라고 한다.

그러면 쉐마 교육의 내용은 무엇인가? "이스라엘아 들으라. 우리 하나님 여호와는 오직 하나인 여호와시니 너는 마음을 다하고, 성품을 다하고 힘을 다하여 내 하나님 여호와를 사랑하라. 오늘 내가 네게 명하는 이 말씀을 너는 마음에 새기고 네 자녀에게 부지런히 가르치며, 집에 앉았을 때에든지, 일어날 때에든지, 이 말씀을 강론할 것이며 너는 또 그것을 네 손목에 메어 기호를 삼으며 네 미간에 붙여 표를 삼고 또 네 집 문설주와 바깥문에 기록할지니라." 바로 이 말씀이 이스라엘의 교육의 핵심이다. 그래서 유대인들은 어려서부터 이 쉐마교육을 한다. 그 결과 저들은 세계적인 많은 인물을 키운 것이다. 그러니 자식들을 메스 미디어에 맡기고 있는 오늘의 우리들의 현상은 참으로 걱정이 된다.

신명기에서 가장 유명한 구절은 28장이다. 특별히 1절에서 6절까지는 많은 교인들이 사랑하는 구절이다. 왜냐하면 여기서 언급된 축복은 보통 축복이 아니기 때문이다. 28장이 보여주는 것은 순종은 축복을 가져온다는 점이다. 하나님께서는 모든 면에서 순종하는 자에게 복을 주신다고 약속하고 있다. 즉 성읍, 농토, 열매, 가축 들고 나는 모든 일에 물질적인 축복을 주시겠다고 약속하신다. 주목할 것은 이스라엘은 아브라함과 맺은 언약의 결과로 가나안 땅은 얻었지만 그러나 그들이 순종하지 아니하므로 본문에서 약속한 축복을 받지 못하였다는 점이다.

13절에서 19절까지에는 위에서 언급한 축복과 대조가 되는 저주가 나온다. 이 구절은 성도들에게 별로 인기가 없다. 심지어 그런 구절이 그곳이 있는지도 모르는 사람들이 많다. 그러나 성경은 축복만을 말하지 않는다. 하나님은 불순종할 때 저주도 주신다. 그러면 오늘날에도 하나님은 신명기에 언급한 그런 물질적 축복을 주시는가? 여기서 우리는 마태복음에서 주님이 가르친 팔복의 내용과 본문을 비교해 보아야 한다는 점이다. 주님의 축복의 내용은 신명기와는 전혀 다르다.

최근에 기복신앙에 대한 많은 비판이 일고 있다. 마땅하다. 사실 요한삼서 2절의 "사랑하는 자여, 네 영혼이 잘 됨같이 네가 범사에 잘되고 강건하기를 내가 간구하노라"는 삼박자 축복은 모든 사람들에게 언제나 적용되는 것은 아니기 때문이다. 만약 삼박자 축복이 모든 사람들에게 적용되는 것이 보편적 진리라면 주님은 어떻게 설명해야 하며, 베드로나 바울은 무엇으로 설명해야 하는가? 또 수많은 순교자들을 무엇으로 설명할 수 있는가? 그러므로 우리는 구약의 말씀을 신약의 해석에 따라 보아야 한다. 왜냐하면 예수님은 구약의 최종 해석자요, 율법은 복음의 깔때기를 통해서 해석하는 것이 옳기 때문이다.

그러나 믿는 자에게 주시는 물질적 축복을 전부 부정하는 것은 불신의 소치이다. 다만 기복적인 것을 하나님께서 인간에게 주시는 축복의 전부로 보는 것이 잘못인 것이다. 중요한 것은 성경을 전체적으로 보는 것이다.

여호수아서는 어떤 책인가?

구약성경에 보면 12권의 역사책이 나오는데 그 중에서 제일 먼저 나오는 책이 바로 여호수아서이다. 히브리어의 원문 성경에는 이 역사서가 예언서에 포함되어 있으나 70인역 이후에는 분리해서 취급하는 것이 하나의 관례로 되어 있다. 모세는 우리가 잘 아는 대로 모세의 후계자로서 모세가 시작한 출애굽을 완성한 사람이다. 본래 여호수아란 말은 예수란 말과 같은 뜻이다. 예수란 말의 뜻은 여호수아란 말의 준말이기 때문이다. 따라서 여호수아란 말은 자기 백성을 건져주실 자란 말이다.

여호수아의 내용은 가나안에서의 이스라엘 생활을 묘사하고 있다. 특별히 가나안 땅에 입성한 내용이 그 정점을 이룬다. 여호수아서는 먼저 내적인 준비(1장)와 외적인 준비(2장)로 시작된다. 여호수아서는 참으로 장엄한 하나님의 약속으로 시작한다. 무릇 너희 발바닥으로 밟는 곳을 내가 다 너희에게 주었다는 약속과 함께(1:3) "너희 평생에 너를 능히 당할 자 없으리니 내가 모세와 함께 있던 것같이 너와 함께 있을 것임이라. 내가 너를 떠나지 아니하며, 버리지 아니하리니 마음을 강하게 하라. 담대히 하라. 너는 이 백성으로 내가 그 조상에게 맹세하여 주리라 한 땅을 얻게 하리라"(1:5-6)고 약속하셨다.

7절은 우리가 잘 아는 유명한 구절이다. "오직 너는 마음을 강하게 하고 극히 담대히 하여 나의 종 모세가 네게 명한 율법을 다 지켜 행하고 좌로나 우로나 치우치지 말라. 그리하면 어디로 가든지 형통하리라."

2장에는 외적인 준비가 기록되어 있다. 먼저 정탐꾼들을 보내어 상황을 살피고, 보고하도록 파송했던 것이다. 민수기 13:1-16절에 보면 모세는 각 지파별로 한 명씩 도합 12명의 정탐꾼을 보내었으나 이번에는 오직 두 사람만 보내었다. 2장 8절 이하에는 기생 라합의 이야기가 나온다. 여기서 기생 라합의 거짓말(2:4)을 어떻게 보아야 할 것이냐는 문제와 함께 상황윤리에 대한 논쟁을 볼 수 있다. 그러나 중요한 것은 라합이 나중에 예수님의 조상의 족보명단에 나온다는 점이다.

예수님의 족보에 다말, 룻, 라합, 우리야의 아내(밧세바)등 네 이방여인의 이름이 나온다는 것은 참으로 놀라운 일이다. 이것은 지금도 아무리 죄인이요 이방인이라도 주님의 가족이 될 수 있다는 은혜의 진리를 우리들에게 가르쳐준다.

3-4장에는 요단강을 건너가는 사건이 기록되어 있다. 먼저 제사장들이 법궤를 메고 들어가고, 다음에 백성들이 따랐다. 홍해에 일어났던 기적이 요단에서도 나타났다. 홍해의 사건이 구원(애굽으로부터의 분리)을 말한다면 요단의 사건은 가나안의 입성, 즉 헌신을 의미한다고 볼 수 있다. 그러나 싯딤에서 길갈까지는 불과 삼십 리밖에 안 되는 짧은 거리이지만 여기서 하나님이 보여주신 기적은 놀라운 것이었다. 그래서 미가 선지자는 싯딤에서 길갈까지의 일을 추억하라(미6:5)고 하였다.

여호수아는 적군과의 교전 이전에 한 편으로는 할례를 행하고, 또 한편으로는 유월절을 지켜 하나님 앞에서 부족함이 없도록 하였다. 놀라운 것은 가나안 땅에 입성하면서 하늘에서 내려오던 만나가 끝나고 (이 만나는 메시야가 올 때 다시 내려오겠다고 약속하였고, 그것은 주님의 영적 만나와 오병이어의 기적을 통해서 완성되었다).

여호수아 5장은 여호수아 장군의 소명장이다. 모세와 같이 네 발에서 신을 벗으라는 명령을 받는다. 여기서 여호수아는 신을 벗었다고 하였다. 당시 신발은 자유인들만이 신었고 종들은 맨발이었다. 따라서 이 명령은 종의 자세를 가지라는 뜻이다. 종처럼 겸손하라는 말이다.

마침내 가나안 정복은 시작되어 제일 먼저 여리고성의 점령이 이루어진다. 놀라운 것은 군대의 힘으로 정복한 것이 아니라 일곱 제사장들의 양각 나팔소리와 뒤를 따르는 백성들의 순종에서 이루어졌다는 점이다. 하나님의 축복의 산물인 것이다. 그러나 7장에 나오는 아간의 죄(21절)는 누룩처럼 번져 마침내 아이성에서 36명이 적에게 죽는 사건이 일어났다. 이 사건은 사도행전 5장의 아나니아와 삽비라 사건처럼 대단히 중요한 사건으로 취급되고 있다.

아간의 죄는 네 단계로 이루어졌다. 첫째는 보고, 둘째는 탐내고, 셋째는 취하고, 넷째는 숨기는 순서로 이루어졌다. 이것은 죄란 눈에서 시작하여 마음에서 결정이 되어 손을 통하여 이루어지고, 그러나 죄진 후에는 그것을 숨기려고 또 다른 죄를 짓는다는 죄의 성격을 보여준다.

이스라엘의 전쟁은 쉽게 끝이 났다. 그러나 여기서부터 바알신의 문제가 크게 대두된다. 바알신이란 가나안의 신으로서 풍년신이다. 비를 관리하는 신으로 여겨져 왔다. 중요한 것은 이 바알신의 문제가 가나안에 입성한 후부터 바벨론에 포로로 잡혀갈 때까지 가장 무서운 우상숭배였다는 점이다. 그런데 이 바알신전에는 바알신이 그의 아내인 아스다롯과의 성교가 이루어질 때 비가 온다고 믿고 신전에서 많은 창녀들이 음행을 하였으며 이것이 이스라엘의 도덕적 문란을 가져온 점이다.

사사기는 어떤 책인가?

　이스라엘이 여호수아의 인도로 가나안 땅을 점령한 후 사사시대가 시작된다. 사사시대를 보면 안정된 연수가 336년이었고, 예속된 연수가 111년이었고, 아비멜렉에 의해 통치권이 찬탈된 연수가 3년, 도합 450년의 긴 기간이 바로 사사시대이다. 이 시대는 이스라엘의 역사상 가장 암흑의 시대로서 계속된 배교행위를 볼 수 있다.

　본래 사사란 말은 쇼푸팀, 즉 전쟁 시에는 최고사령관이 되어 싸우고, 평화시대에는 행정수반으로 통치와 재판을 하는 직분을 말한다. 사사시대의 특징은 마지막 장 마지막 절에 잘 나타나 있다. 그 이스라엘에 왕이 없으므로 사람이 각각 그 소견에 옳은 대로 행하였더라. 하나님의 뜻대로 행한 것이 아니라 각각 그 소견에 옳은 대로 행하였다고 했다.

　이것이 암흑시대를 가져온 이유가 되었다. 그러면 그 때에 구체적으로 암흑시대를 가져온 것이 무엇인가? 쉽게 말하면 당시 가나안 종교는 엘이란 신과 그의 아내인 아세라 신과 이들 사이에서 태어난 아들인 바알 신과 그의 아내인 아스다롯 신이 중심을 이루었다. 특별히 바알 신은 당시의 대표적 우상으로서 이스라엘의 역사에 대단히 중요한 의미를 가진다.

　사사시대의 형편은 크게 네 가지로 나눌 수 있다.

　(1) 첫째로 이스라엘의 우상숭배("애굽 땅에서 인도하여 내신 그 열조의 하나님

여호와를 버리고 다른 신 곧 그 사방에 있는 백성의 신들을 좇아 그들에게 절하여 여호와를 진노하시게 하였으되"2:12).

(2) 둘째로 하나님의 심판("여호와께서 이스라엘에게 진노하사 노략하는 자의 손에 붙여 그들로 노략을 당케 하시며 또 사방 모든 대적의 손에 파시매 그들이 다시는 대적을 당치 못하였으며"2:14).

(3) 셋째로 이스라엘의 회개("슬피 부르짖으므로 여호와께서 뜻을 돌이키셨음"2:18하).

(4) 끝으로 하나님의 은혜("여호와께서 그들을 위하여 사사를 세우실 때에는 그 사사와 함께 하셨고, 그 사사의 사는 날 동안에는 여호와께서 그들을 대적의 손에서 구원하셨으니"2:18상).

이상에서 우리는 네 가지의 중요한 공식을 본다. 이스라엘의 우상숭배-하나님의 심판-이스라엘의 회개-하나님의 은혜란 공식이다. 이것이 바로 당시 사사시대의 모습이었다. 그런데 이것은 하나의 주기처럼 일곱 번이나 반복되었다. 좀 더 구체적으로 보면 이스라엘이 우상숭배의 죄에 빠져 있을 때에 하나님은 이스라엘을 메소포타미아의 굴레 속에 살게 하였다.

그러나 저들이 슬피 울며 회개할 때에 옷니엘이란 사사를 통해서 8년 동안 예속되었던 이스라엘을 구원하여 주셨다. 그래서 40년간의 평화를 누렸으나 제 버릇 누구에게 주지 못한다는 말대로 또 범죄하여 모압의 굴레 속에서 18년간 지나게 되었다. 그러자 고통 속에서 이스라엘은 회개하였고, 하나님은 다시 에훗을 통하여 구원하셔서 80년간이란 오랜 세월동안 평화를 누리게 하였다.

이렇게 일곱 부족에게 일곱 번이나 자유를 빼앗기고 예속된 생활을 하였고, 그때마다 이스라엘은 하나님 앞에서 회개하였다. 그리고 하나님은 예외 없이 옷니엘, 삼갈, 드보라, 바락, 기드온, 돌라, 야일, 입다, 입산, 엘론, 압돈, 삼손, 마지막으로 사무엘 등 13명을 보내어 구원해주셨다. 따라서 사사기는 일곱 번 배신, 일곱 번 예속, 일곱 번 구출해주신 내용으로 되어 있다.

놀라운 것은 사사들이 다 성령을 받은 것이 아니고, 네 사사에게만 "여호와의 신이 임하셨으므로"라고 기록하고 있다. 즉 옷니엘(3:30), 기드온(6:30), 입다(11:29), 삼손(13:25; 14:6; 15:14)에게만 성령이 임한 것으로 되어 있다. 이것을 보면 구약과 신약시대에 임한 성령의 역사는 각각 그 특색이 다른 것을 볼 수 있다. 즉 구약시대에는 성령께서 손님처럼 왔다가 가는 것으로 되어 있으나 신약시대에는 성령께서 가족처럼 함께 거하시는 것으로 되어 있다. 둘째의 특징은 구약시대에는 성령의 강림은 직분을 감당케 하는 지혜와 힘을 주시는 분으로 되어 있기 때문에 성령의 강림이 바로 구원으로 연결되지는 않는다.

셋째로 구약시대에는 성령이 누구위에 임하셨다는 식으로 표현되고 있으나 신약시대에는 성령께서 누구 안에 임하셨다는 식으로 되어 있는 것은 주목할 일이다.

사사기중에서 가장 많은 지면을 할애하고 있는 것은 삼손의 이야기이다. 4장이나 할애되어 있다. 이것은 삼손이 최고의 사사이기 때문이 아니라 그의 특별한 환경과 특징 때문이라고 할 수 있다. 그는 나실인이었다.

나실인이란 구별된 자란 뜻이다. 이것은 맹서에서 유래된 말이다. 당시 나실인은 술을 먹지 않고, 머리를 깎지 않고 시체 같은 부정한 것을 피했고, 또 부정한 음식을 먹지 않았다. 참으로 삼손이야 말로 영광으로 시작하였다가 슬프게 끝난 대표적 인물이라고 볼 수 있다.

사사기의 부록이라고 볼 수 있는 17장에서 21장의 기록은 왜 이런 것이 성경에 기록되었는가 하고 의아하게 생각할 정도이다. 그러나 이것은 당시의 신앙의 혼란과 거짓 종교로 인한 부도덕함을 말씀하기 위해서라고 볼 수 있다. 즉 우상숭배가 있는 곳에는 항상 부도덕함이 있고, 반대로 영적, 사회적 암흑이 있는 곳에는 언제나 우상숭배가 자행되고 있다는 진리를 증거해 주는 것이다.

룻기는 어떤 책인가?

룻기는 사사시대의 보통사람의 아름다운 이야기다. 사사시대는 "그때에 왕이 없으므로 사람이 각각 그 소견에 옳은 대로 행하였더라"는 말씀대로 혼란과 불안이 극심한 시대였다. 그러나 이것과 대조적으로 룻기는 아주 아름다운 이야기로 되어 있다. 사무엘 선지자에 의해 기록된 책으로 알려져 있으나 분명치는 않다. 룻기란 이름은 나오미와 함께 베들레헴으로 이주한 모압 여인인 룻의 이름을 따서 붙인 명칭이다.

놀라운 것은 여호와란 이름이 4장밖에 안 되는 룻기에 무려 18번이나 나온다. 이 구절과 관계되는 룻기의 신관을 보면 크게 세 가지이다. 첫째로 하나님은 언제나 가까이에 계셔서 개인의 삶을 돌보아 주시는 분이라는 것, 둘째로 하나님은 기근과 인간의 사별을 통해서도 역사하시며, 무엇보다도 자신을 섬기는 자들에게 은혜를 베푸신다는 것, 셋째로 하나님은 복의 근원이 되신다는 것을 다루고 있다.

룻기에 보면 '구속하다', '기업을 물게 하다'란 히브리어 동사인 '가알'이란 단어가 20회나 나오는 것은 그것이 룻기의 주제임을 웅변적으로 보여준다. 본래 이 말은 가족법과 관련된 단어이다. 이스라엘에서는 가족들은 다른 가족의 구성원을 보호할 의무가 있다. 이것을 '고엘'법이라고 부른다. 그래서 룻기는 아들 없이 죽은 친족을 위해 상속자를 낳아 주는 고에의 의무를 주제로 다루고 있다. 즉 신명기 25장 5-10절을 보면 한 형제가 아들 없이 죽으면 다른 형제가 죽은 형제와 결혼하여 아들을 낳아 주어야 한다는 법이다. 그러나 형제가 없는 경우에는 룻기의 내용에서 볼 수 있듯이 좀 먼 친인척과 결혼하는 것이다.

그러면 왜 룻기는 이 고엘법을 강조하고 있는 것일까? 그것은 하나님의 언약을 강조하기 위해서이다. 즉 하나님은 아브라함과 다윗과 맺은 언약을 신실하게 지키시며 축복해주시는 분이시며, 고엘법에서 볼 수 있듯이 당사자뿐 아니라 친인척까지 돌보시며, 특별히 자기 백성들을 축복해주시는 분이란 것이다. 바로 이 고엘법은 신약에 나타난 구속사상의 배경이 된다는 점을 주목할 필요가 있다.

룻기의 내용은 아주 단순하다. 특별히 주목할 것은 4:18-22절에 기록된 다윗의 족보이다. 21절에 "보아스는 오벳을 낳았고, 오벳은 이새를 낳았고, 이새는 다윗을 낳았더라"는 말씀은 대단히 중요한 구절이다. 이 구절은 마태복음의 예수님의 족보와 비교할 때 그 의미가 더욱 분명하게 나타난다. 마태복음 1:5-6절에 보면 "보아스는 룻에게서 오벳을 낳고, 오벳은 이새를 낳고, 이세는 다윗 왕을 낳으니라"고 기록하고 있다.

다윗이란 이름이 얼마나 중요한가 하면 마태복음에서 예수님을 "다윗의 자손 예수 그리스도의 생애"라고 강조한 데서도 잘 볼 수 있다. 성경에 보면 하나님은 장차 다윗의 후손에게서 메시야를 주실 것을 약속하고 있다. 그래서 "다윗의 자손"이란 말 자체가 메시야 칭호로 사용되었다. 바로 그 이유 때문에 마태복음은 예수님의 족보를 기록할 때 다윗의 자손임을 강조하고 있는 것이다. 따라서 룻기는 다윗의 족보 중에서 중요한 룻이란 이방여인이 어떻게 예수님의 조상과 관련되고 있는가를 배경적으로 설명해주고 있는 것이다.

룻기의 내용을 보면 룻의 시어머니인 나오미에게서 시작되고 있다.

먼저 1:1-5절에 흉년으로 인해 모압으로 이주한 나오미의 남편인 엘리멜렉이 죽어 과부가 된 이야기, 게다가 설상가상이란 말대로 두 아들들도 죽게 된다. 그 중에서 룻은 둘째 며느리이다. 놀라운 것은 룻의 신앙이다. 1장 16절에 보면 이렇게 기록하고 있다. "나로 어머니를 떠나며 어머니를 따르지 말고 돌아가라 강권하지 마옵소서. 어머니께서 가시는 곳에 나도 가고 어머니께서 유숙하는 곳에 나도 유숙하겠나이다. 어머니의 백성이 나의 백성이 되고, 어머니의 하나님이 나의 하나님이 되시리니."

이렇게 해서 룻은 시어머니인 나오미를 따라서 베들레헴에 돌아오게 된다. 2장에는 추수 밭에서 룻이 보아스를 만나게 되는 과정이 아주 극적으로 기록되어 있다. 드라마란 측면에서 볼 때에 괴테의 말대로 룻기는 참으로 "가장 사랑스럽고, 완전한 작품"이라고 할 수 있다. 마침내 룻은 보아스와 결혼하여 이스라엘의 고엘법이 이루어진다. 참으로 극적인 것은 처음에 공허했던 나오미가 마지막에는 축복으로 가득 채워지는 전형적인 해피엔딩으로 끝난다. 그 내용을 룻기4:14-15절에서는 다음과 같이 기록하고 있다. "여인들이 나오미에게 이르되 찬송할지로다. 여호와께서 오늘날 네게 겁 두를 자가 없게 아니하였도다. 이 아이의 이름이 이스라엘 중에 유명하게 되기를 원하노라. 이는 네 생명의 회복자며 네 노년의 봉양자라. 곧 너를 사랑하며 일곱 아들보다 귀한 자부가 낳은 자로다."

사무엘 상하는 어떤 책인가?

마지막 사사요 제사장이요 선지자인 사무엘이 기록한 역사책이다. 사무엘은 신정시대에서 왕정시대로 넘어가는 중간 인물이요 선지학교를 창설한 사람이며, 중보적 역할을 감당한 사람이었다. 그는 무엇보다도 기도의 사람으로 유명하다. 그의 출생부터가 어머니 한나의 기도의 결과로 태어났다. 사무엘이란 이름의 뜻이 "여호와께 구하여 얻다"는 뜻이다.

사무엘서에는 당시 제사장인 엘리의 마지막 비극적 죽음이 아주 생생하게 묘사되어 있다. 특별히 4장에 보면 이스라엘과 블레셋이 전쟁을 할 때에 4천 명이나 전사했다고 하였다. 그러자 왜 패했는가 하고 그 이유를 찾는 가운데 언약궤(법궤)를 전쟁터에 가지고 나가지 않아서 졌다고 결론을 내렸다.

법궤를 가지고 갔지만, 그러나 그 결과는 더 비참하였다. 삼 만이나 전사를 하고, 심지어 법궤까지 블레셋에게 빼앗겼다. 이때 엘리의 두 아들, 홉니와 비느하스도 전사하였다. 당시 엘리 선지자는 아흔여덟의 고령이었는데 아들들이 전사하고 법궤까지 빼앗겼다는 말을 듣고 의자에서 자빠져서 목이 부러져 죽었다고 기록하고 있다.

이때에 비느하스의 아내가 아들을 낳으니 이가봇(영광이 없다는 뜻)이라고 이름 지었다.

그러나 사무엘서의 핵심은 사울과 다윗에 관한 기록에 있다. 이들은 통일왕국의 왕들로서 이스라엘의 틀을 만든 사람들이다. 사울시대의 왕권은 오늘의 입헌군주제와 비슷하다. 이 사울도 사무엘과 같은 '기도하여 얻은 아들'이란 뜻을 가지고 있다. 그는 베냐민 지파의 유력자인 기스의 아들로서 준수한 소년이요, 키는 모든 백성보다 어깨 위는 더 컸다. 처음 그는 대단히 겸손한 사람이었다. 그의 겸손은 삼상9:21절에 잘 나타난다.

이 구절은 사무엘이 사울을 왕으로 삼으려 했을 때 대답한 말이다. "나는 이스라엘지파의 가장 작은 베냐민 사람이 아니오며 나의 가족은 베냐민 지파 모든 가족 중에 가장 미약하지 아니하니이까?" 성경에 보면 언제나 하나님은 겸손한 자는 높이 들어 쓰시고, 교만한 자는 물리치시는 분임을 알 수 있다.

그러나 사울은 삼상13-15장을 보면 서서히 타락해 가는 것을 보게 된다. 사울의 잘못은 첫째로 인내심의 부족과 교만에서 나타난다. 블레셋과의 전쟁을 앞두고 길갈에서 사무엘이 약속한 한 주간을 기다렸지만 오지 않자 사울이 제사장만이 할 수 있는 번제를 드리는 일을 직접 하였다.

내가 왕인데 못할 게 뭐냐 하고. 그러나 바로 그때에 사무엘이 와서 "왕이 망령되이 행하였도다. 왕이 왕의 하나님 여호와께서 명하신 명령을 지키지 아니하였도다. 그리 하였더면 여호와께서 이스라엘 위에 왕의 나라를 영영히 세우셨을 것이어늘 지금은 왕의 나라가 길지 못할 것이라"(삼상13: 13)는 유명한 예언을 한다.

둘째는 자행자지한 것, 즉 잘못된 서원을 하여(삼상 14:24) 요나단이 죽을 뻔한 사건이고, 셋째는 가장 큰 잘못으로서 아말렉과의 전쟁 때 사무엘의 지시를 거역한 일이다.(15:3,9).

여기서 왜 하나님은 아말렉을 진멸하라고 했을까? 이것은 많은 사람들에게 의아심을 갖게 하는 일이다. 너무 잔인하다고 생각되기 때문이다. 더욱이 어린애까지 다 죽일 수 있는가 하는 인도주의적 문제이다. 그러나 이것은 하나님의 공의의 실현을 위해 이스라엘을 도구로 사용했다는 것을 알아야 하며, 다음은 영적 의미로서 우리의 원수인 사탄과 죄악과는 그 어떤 타협도 하지 말 것을 가르쳐준 것이다. 그러나 불행하게도 사울왕은 하나님께 제사하기 위해서라는 명목 하에 양과 소의 가장 좋은 것들을 남겨둔 것이다. 말하자면 권력형 부정축제를 한 것이다. 이때 사무엘은 "순종이 제사보다 낫고, 듣는 것이 수양의 기름보다 낫다"(삼상15:22)는 명언을 남긴다.

사울은 좋게 시작하였다가 나쁘게 끝난 대표적 인물이라고 할 수 있다. 그는 말기에는 악령의 소유자가 되어(16:15) 결국 소망 없는 사람이 되고 만다.

다음은 다윗에 관한 기록이다. 그는 어떤 면에서 예수님의 모형이었던 것이다. 특별히 어린 다윗이 블레셋의 골리앗 장군을 물리치는 장면(삼상17장)은 가장 극적인 사건이다. 역사상 신앙의 위대함을 보여준 가장 대표적인 사건이라고 할 수 있다. 다윗은 이스라엘의 통일왕국의 왕권을 확립한 네 가지 중요한 일을 한다.

첫째는 여부스 족에게서 예루살렘을 빼앗아 수도로 삼은 것,

둘째는 엘리 때 빼앗겼던 법궤를 예루살렘으로 옮긴 점,

셋째는 사무엘 하 7장에서 볼 수 있듯이 다윗에게 하나님의 언약이 임한 것,

넷째는 블레셋, 모압, 소바, 수리아, 암몬, 아말렉, 에돔 등으로부터 많은 땅을 빼앗아 영토를 확장한 것을 들 수 있다.

여기서 사무엘 하 7장 12-17절의 언약은 역사적 예언이라기보다는 영적 예언이라고 보는 것이 좋다. 왜냐하면 "나는 그 나라를 영원히 견

고케 하리라"는 말씀은 다윗의 왕국이라기보다 다윗의 후손인 예수님의 '메시야 왕국'으로 보는 것이 옳기 때문이다. 그러나 사람이 높이 올라가면 더 어지럽고 현기증이 나듯이 믿음 좋은 다윗도 왕 위에 올라 많은 업적을 남긴 뒤에는 밧세바 같은 여인과 음행을 행하고, 그 남편 우리야를 격전지에 보내어 죽게 한 죄를 범하였기 때문이다. 그럼에도 불구하고 다윗이 위대한 것은 그의 회개이다. 시편 51편은 이때 지은 가장 대표적 회개의 시이다.

열왕기 상,하와 역대기 상,하는 어떤 책인가?

열왕기 상,하는 이스라엘의 통일왕국 시대(왕상1-11장)와 분단왕국시대 (왕상12-22장과 왕하1-25장)의 역사를 기록한 책이고, 역대기 상,하도 똑같이 통일왕국시대(역대기 상1-29장과 역대하 1-9장)와 분단왕국 시대(역대기 하 10-36장)의 역사를 기록하고 있다.

그러면 왜 이렇게 같은 내용을 두 기자는 번거롭게 반복해서 기록하고 있는 것일까? 처음에 성경을 대하는 많은 사람들은 신약의 사복음서에 꼭 같은 내용이 반복되는데 놀라듯이 열왕기서와 역대기서에서도 같은 내용이 반복되는데 놀란다. 그러나 사복음서를 자세히 관찰해 보면 보는 관점이 서로 다르고, 강조점이 다르듯이 이 두 권의 역사책도 같은 내용도 있지만, 그러나 서로 다른 역사관에 의해 기록하고 있다는 것을 알 수 있다.

다시 말하면 열왕기 기자는 역사의 객관적 기록에 강조점을 두고 있는데 반해 역대기 기자는 역사를 보는 눈이 대단히 광범위하며 어떻게 보면 그는 역사가라기보다는 역사철학자이다. 그는 열왕기서와는 달리 아담으로부터 시작해서 사울까지의 족보를 9장에 걸쳐 아주 길게 소개한다(대상1-9장).

그런데 이상한 것은 창조나 출애굽, 광야시대, 여호수아의 영도로 가나안을 정복한 일, 사사시대에 일어난 중요한 일들이 언급되고 있지 않다는 점이다. 다만 그의 관심은 유다지파에 대한 것임을 알 수 있다.

이것은 일반 역사가에게서는 찾아보기 어려운 일이다.

역대기상 10장에 보면 사울의 생애가 기록되고 있지만 단지 이미 끝난 인물로 소개되고 있을 뿐이다. 다시 말하면 역대기 기자는 다윗 이전에는 별로 흥미가 없다. 그는 다윗을 언급할 때에 왕으로서의 역할이나, 그의 군사적인 업적에 대해 언급하고는 있지만 강조점은 다윗의 예배생활에 있음을 볼 수 있다. 좀 더 정확하게 말하면 그는 성전중심의 생활을 강조하고 있다는 점이다. 요컨대 역대기 기자는 여호와께 합당한 예배와 순종을 드리는 교회적인 공동체를 이상적인 이스라엘로 묘사하고 있는 것이다.

이런 점에서 볼 때에 역대기 기자는 신학적인 관심사를 가지고 역사를 본 것이다. 즉 시온을 중심한 이스라엘의 예배생활의 역사를 다루고 있는 것이다. 다시 말해서 역대기 기자는 왜 이스라엘이 포로로 잡혀가 고생을 했는가라는 질문에서 역대기 상.하를 기록하고 있는 것이다. 즉 성전에서 하나님께 예배를 드리는 일을 철저히 하지 않았기 때문이라고 보고 있는 것이다. 그래서 역대기 기자의 최대 관심사는 언제나 성전에 있다. 다윗에 대한 기록도 그의 범죄에 대해 전혀 언급하고 있지 않으며 솔로몬도 그의 우상숭배에 대해 말하고 있지 않다. 반대로 이들을 하나의 영웅으로 묘사하고 있는 것은 다윗은 성전을 건축하기 위해 준비를 하였고, 솔로몬은 성전을 건축한 장본인이기 때문이었다.

그래서 역대기 기자는 선한 왕과 악한 왕을 구별할 때에 성전에 대한 공헌과 태도를 가지고 평가를 하고 있는 것이다. 예를 들어서 역대하를 보면 모두 882개의 절로 되어 있는데 그 중에서 480절이 선한 4왕에 대해 기록하고 있고, 불과 342절이 다른 17명의 왕에 대해 기록하고 있는 것이다. 이것은 역대기 기자가 얼마나 철저한 역사철학자였음을 말해 준다.

역대기서를 보면 예배생활을 관장하는 일을 위해 구별된 자들인 제사장이나 레위인들에게 특별한 관심을 기울이고 있다. 우리는 역대기 기자가 이런 구별된 자들인 제사장들과 레위인들을 평신도들로부터 구별하고 있음을 유의할 필요가 있다.

역대기서에서 특별히 유의할 점은 그가 보상과 형벌의 상관관계에 강조점을 두고 있다는 사실이다. 예를 들면 시작이 유다를 침공한 것은 르호보암의 불순종과 밀접하게 연관되어 있다고 보았고(12:2, 12), 아사가 중병에 걸린 것은 어리석은 행동을 하고 난 뒤로 보았다 (16:7-12). 또 여호사밧이 해상무역에 실패한 것은 북왕국과 밀접한 관계를 가졌기 때문이라고 보았고(20:35-37), 웃시아가 문둥병에 걸린 것은 그의 교만 때문이라고 보았다(26:16-23).

그러면 왜 므낫세같이 악한 왕이 그처럼 오랫동안 왕위에 있도록 하나님은 허락했을까? 그 이유를 역대기 기자는 므낫세가 회개하였기 때문이라고 기록하고 있다(33:10-13). 반대로 요시아왕같이 선한 왕이 왜 (바로)느고의 손에 죽어야만 했는가에 대해 역대기 기자는 역대하 35:20-25절에서 하나님의 말씀을 듣지 않았기 때문이라고 설명한다.

요컨대 역대기 기자는 이미 지나간 과거의 사건을 그가 살고 있었던 동시대의 사람들에게 성전 중심의 새로운 해석을 가지고 기록하고 있는 것이다. 그래서 그는 포로시대 이후의 사람들에게 하나님께서 원하는 백성은 성전 중심으로 순종하는 사람들임을 강조하고 있는 것이다.

에스라서는 어떤 책인가?

히브리어로 된 성경에 보면 에스라서와 느헤미야서는 한 권의 책으로 되어 있다. 이 두 권의 책은 바벨론 포로로 잡혀가 70년 동안의 포로생활을 했던 선민 이스라엘 백성들이 자유를 얻어 귀향하는 이야기를 기록하고 있다. 약 백년에 걸친 역사로서, 바벨론에서 시작하여 예루살렘에서 끝을 맺고 있다.

에스라서는 두 말할 필요도 없이 에스라에 의해 기록되었다. 그는 서기관으로서 "모세의 율법에 익숙한 학사"(7:6)였다.

구약에서 세 위대한 지도자를 꼽는다면 모세와 사무엘과 에스라를 들 수 있다. 전설에 의하면 에스라는 구약을 엮은 120명의 연구회의 의장이었다고 한다. 에스라서가 역사책으로서 중요한 것은 그 안에 7개의 공문서가 나온다는 점이다. 즉 고레스의 조서(1:2-4), 유대인에 반대한 르훔과 기타 사람들의 편지(4:11-16), 아닥사스다 왕의 응답문(4:17-22), 닷드내의 보고서(5:7-17), 고레스의 조서에 대한 기록(6:2-5), 닷드내의 보고서에 대한 다리오 왕의 응답(6:6-12), 아닥사스다가 에스라에게 부여한 권한(7:12-26)은 역사적으로도 중요한 문서가 된다.

에스라서의 요절은 7:10절이다. "에스라가 여호와의 율법을 연구하여, 준행하며 율례와 규례를 이스라엘에게 가르치기로 결심하였었더라." 에스라서에서 중요한 것은 하나님께서 어떻게 그의 약속을 기억하셨으며, 그의 백성을 포로생활에서 해방하셨는가를 자세히 기록하고 있다는 점이다. 에스라서를 보면 스룹바벨의 인도 하에 복귀와 성전재건의 이야기로부터 시작되고 있다. 하나님께서는 선민들을 통하여서도 역사하시지만 또한 불신자인 바사제국의 고레스왕을 통해서도 역사하였음을 보여준다. 고레스의 법령을 통해서 유대인들을 고국으로 돌아가도 된다는 것이 허락되었기 때문이다. 이것은 이사야 44:28절과 45:1-4절에 이미 예언된 것이며, 예레미야서를(29:10-14) 통해서도 이스라엘 백성이 포로에서 해방될 것을 예언하고 있는데 그것이 성취된 것이다.

에스라서의 내용은 크게 두 부분으로 나누어진다. 첫째로 1-6장에는 성전 재건의 역사가 기록되어 있다. 고레스의 칙령이 떨어지자 5만여 명의 이스라엘 백성들은 스룹바벨의 인도로 70년간의 포로생활에서 잃었던 신앙을 되찾기 위해 모든 것을 버리고 과감히 귀환하였던 것이다. 돌아오자 이들은 먼저 제단과 종교적인 절기들을 회복하고, 여호와 하나님의 성전 복구사업을 시작한다. 수많은 반대와 방해가 있었지만 하나님의 은혜로 성전 건축이 완성된다.

4장에 보면 그 방해가 구체적으로 나온다. 여기서 우리는 하나님을 위한 참된 일에는 언제나 훼방이 따른다는 것을 본다. 물론 이 격심한 반대로 그들의 마음이 약해진 것은 사실이다. 그러나 선지자 학개와 스가랴는 백성들을 격려하여 4년 내에 성전을 완공하여 하나님께 헌당케 하였다.

둘째로 7-10장에는 에스라의 귀환과 개혁을 기록하고 있다. 여기서의 주요 인물은 에스라 자신이다. 에스라에 의해 이루어진 제2차 귀환은 81년 만에 이루어진 것으로서 소수의 무리를 데리고 왔다. 당시는 아직 사회가 안정되지 못하였으며 백성들의 영적 상태는 말이 아니었다. 이것이 에스라의 개혁에 의해 마침내 성공을 하게 된다. 따라서 에스라서는 16세기 마르틴 루터의 종교개혁과 같은 개혁의 내용을 다루고 있다.

그러면 에스라는 어떻게 종교개혁을 했는가?

그는 예루살렘으로 돌아오자 먼저 하나님께 찬양하고((7: 27-28), 레위인들을 모집한다(8:15-20). 말하자면 먼저 개혁에 협력할 레위인들을 모집했던 것이다. 이것은 개혁이란 혼자서 할 수 있는 것이 아니기 때문에, 불씨의 요원들 없이는 아무것도 할 수 없기 때문에 취해진 조처였다. 다음으로 에스라는 금식기도회(8:21-23)를 가진다. 이것은 개혁이란 인간의 힘으로 되는 것이 아니라 하나님께서 지혜를 주셔야 하고, 하나님께서 능력을 주셔야 된다는 기독교의 보편적 진리를 보여준다.

9장과 10장에서는 개혁의 구체적 내용이 기록되어 있다. 먼저 에스라는 잡혼을 엄금한다. 당시에는 이 잡혼 문제가 가장 중요하고 심각한 것이었다. 왜냐하면 솔로몬에게서 볼 수 있듯이 결혼이란 단순히 두 사람이 결합되는 것이 아니라 두 문화가 결합되는 것이기 때문에 선민인 이스라엘 백성들이 주변의 이방여인들과 결혼한다는 것은 피의 순결이란 점에서만이 아니고 야훼 신앙이 해이해지고 마침내는 우상숭배에 빠진다는 것을 의미하기 때문이었다.

그래서 9:1절에 보면 이방인들과 섞이는 것을 '가증한 일'이라고 하였다. 가증하다는 말은 우상숭배를 표현할 때 사용하는 말이다. 놀라운 것은 에스라는 백성들의 죄를 "우리 죄악", "우리 허물"이란 말로 표현함으로써 백성들의 죄를 바로 자신의 죄로 생각하고, 하나님 앞에서 옷을 찢고, 애절하게 매달렸던 것이다. 이것은 오늘날의 지도자들도 마땅히 가져야 할 자세인 것이다.

느헤미야서는 어떤 책인가?

느헤미야서는 에스라서와 함께 바벨론 포로 이후의 역사를 기록하고 있다. 당시 에스라의 인도로 귀국한 유대인들에게는 이방여인과의 결혼문제로부터 시작해서 예루살렘 성전의 재건 등 많은 문제들이 산적해 있었다. 더욱이 르훔과 심새의 온갖 방해로 인하여 유대인들은 참극(스4:7-16, 21, 23; 느1:3)을 겪고 있었다.

이런 비보를 전해 들은 느헤미야는 바사 왕실의 안락한 자리를 버리고 예루살렘으로 돌아온다. 느헤미야서의 기록자인 느헤미야는 당시 에스더를 왕비로 삼은 아닥사스다 일세의 아들 때에 수산궁에서 술 맡은 관원이었다.

흔히 그러하듯이 느헤미야의 이름에서 볼 수 있는 이름의 끝의 '야'자가 붙은 것은 야훼란 말의 약자로서 그가 유다 정통 신앙에 얼마나 충실하였다는 것을 보여준다. 그는 주전 444년에 하나니로부터 유대인들의 참상을 전해 듣고, 왕의 허락을 받고, 총독의 자격으로(에스라보다 13년 늦게) 돌아와서 예루살렘의 성벽을 쌓기 위해 백성들과 동고동락을 한다. 그는 담력과 지혜, 겸손과 신념, 불타는 애국심과 경건한 신앙심을 갖춘 지도자였다.

그가 전념했던 예루살렘의 성벽을 쌓는 일은 오늘의 우리들에게는 별로 의미가 없는 것으로 보이겠지만, 그러나 당시의 유대인들에게는 성벽은 바로 성전의 연장이었으며 생명과도 같은 상징성을 가지고 있었다. 다시 말하면 성벽의 훼손은 바로 죄로 인한 결과이며, 성벽의 재건은 바로 신앙의 재건으로서 포로 이후의 새 출발에 있어서 새 삶의 터전이 되었던 것이다.

당시 느헤미야가 본 것은 유대인들이 포로로 잡혀가 고난을 당한 것이 바로 죄악의 결과이며 하나님의 율법에 불순종한 범죄의 결과라고 알고 있었다는 점이다. 에스라와 느헤미야는 다음과 같이 비교가 된다. 제사장이요 율법의 학사인 에스라가 백성들에게 율법을 가르쳐서 마음판에 새겨 온전한 생활을 하도록 하였다면 느헤미야는 예루살렘의 성벽을 재건하여 율법에 충성을 다하게 하고, 포로생활로 꿈을 잃은 유대인들에게 새로운 꿈을 갖도록 하였다는 점이다.

느헤미야서의 내용은 크게 두 부분으로 나눌 수 있다. 제1부(1-7장)는 성곽의 재건, 제2부(8-13장)는 백성들의 신앙 재건으로 되어 있다. 느헤미야의 열심은 도착한 지 사흘 만에 한 밤중임에도 성위에 올라 황폐한 성곽을 목격하고 사람들을 소집하여 그들을 격려하며 성벽 쌓는 일을 시작한 것을 보아도 알 수 있다. 이 일은 가족별로 분담하여 52일 만에 끝났다. 이것은 느헤미야 자신이 얼마나 훌륭한 건축기사였음을 보여준다.

느헤미야가 당면한 문제는 사마리아인들이었다. 이들은 성벽 쌓는 일을 강하게 방해하였기 때문에 느헤미야는 한편으로는 성벽을 쌓고, 또 한편으로는 사마리아인들을 경계하는 일을 해야만 했다. 그러나 문제는 안에서 일어나는 불평분자들이었다. 그래서 성벽을 쌓는 일은 제대로 진전하지 못하였다. 성곽을 올려 쌓기 전에 거기에 있는 흙더미를 옮겨야 했으나 너무나 많은 흙더미를 치운다는 것이 그들에는 큰 고역이었기 때문이었다. 그러나 이 문제가 거의 해결되었을 때에 이번에는 사마리아의 산발랏을 중심으로 한 반대가 일어났다. 산발랏이란 이름은 "월신(月神)이 생명을 준다"는 뜻이다. 그가 이렇게 강하게 반대를 한 것은 느헤미야의 성벽 재건은 예루살렘을 크고 부강한 성으로 만들어 자신들의 지위와 부에 피해를 입히는 위험요소로 보았기 때문이었다.

제2부의 내용(8-13장)은 에스라가 백성들에게 율법을 가르치는 것에서 시작한다. 이것은 하나의 종교개혁이라고 볼 수 있다. 그러면 느헤미야서에 기록된 에스라가 주도한 종교개혁은 어떤 것이었는가?

첫째로 모인 날인데 8:2절에 보면 '칠월 일일'이라고 하였는데 이것은 나팔절(민29:1-6)로서 포로 이전에는 신년 첫째 날에 해당한다(출 23:16; 레23:24).

둘째는 모인 장소인데 8:3절에 보면 '수문 앞 광장'이라고 하였다. 이곳은 성문 부근에 있는 장소로 누구나 갈 수 있는 곳으로써 재판과 상거래를 하였던 장소였다.

셋째로 종교개혁의 내용인데 8:2절에 보면 '율법책'을 가르쳐서 행하게 하는 것이었다. 5절에 보면 "책을 펼 때에 모든 백성이 일어서니라"는 말씀은 여호와에 대한 경외심과 율법에 대한 철저한 복종심을 잘 보여준다. 6절에 보면 "여호와께 경배하였느니라"고 했는데 그 뜻은 "땅에 엎드리다"는 말이다. 8절에는 '낭독하고… 해석하여… 깨닫게 하매'라고 한 것은 히브리어로 된 율법책을 낭독하고 아람어로 번역하고 해석해주어 깨닫게 하였다는 것을 보여준다.

여기서 우리는 오늘의 교회가 어떻게 다시 '말씀으로 돌아가는 운동'을 펼쳐야 할 것을 배워야 할 것이다.

에스더서는 어떤 책인가?

12권의 역사서 가운데 하나인 이 책의 저자는 모르드개라고 알려져 있으나 정확하게는 알 수가 없다. 익명의 책이다. 이 책에는 하나님의 이름이 단 한 번도 언급되어 있지 않고, 기도나 찬양도 언급하고 있지 않는 것이 특징이다. 그래서 한 때에는 정경성이 의심받기도 하였다. 그러나 에스더서의 내용은 하나님의 통치가 강조되어 있고, 기도의 힘이나 찬양의 분위기를 볼 수 있는 '섭리의 로맨스'이다.

에스더서의 내용은 고레스의 칙령으로 대부분의 유대인들이 고국으로 돌아갔으나 여기저기 도처에 남아있는 유대인들에 대한 하만의 말살정책 속에서 어떻게 하나님이 그의 백성들을 구해주셨는가를 기록하고 있다. 다시 말하면 부림절(9:20-32)의 기원을 기록하고 있는 것이다.

부림이란 말은 불(pur)의 복수형으로서 제비뽑기(3:7)를 의미한다. 이 절기에 대한 구약의 인준은 없으나 이 절기는 수천 년 동안 지켜오고 있으며, 하나님이 자기 백성에 대한 은혜와 능력의 본이 되는 책이다. 따라서 에스더서의 주제는 하나님의 신실하신 언약의 성취라고 할 수 있다.

에스더서는 크게 세 부분으로 나누어진다. 제1부는 1-2장으로서 에스더가 바사의 아하수에로왕 7년에 새 아내로 간택되는 이야기와 왕을 암살하려는 음모를 모르드개가 알고 보고하는 내용으로 되어 있다. 제2부는 3~5장으로서 하만의 거짓말이 나온다. 그는 총리대신으로 임명

된 후에 모르드개가 절을 하지 않았다는 개인적인 감정으로 유대인들을 멸절시킬 음모를 꾸민다. 이런 사악한 계략 속에서 모르드개와 에스더는 불굴의 용기와 지혜를 보여준다. 제3부는 6-10장으로서 신앙에 대한 보상이 기록되어 있다.

거기에는 야수 같은 하만이 어떻게 처형되었는가를 아주 극적으로 묘사하고 있다. 두 장면으로 되어 있는데 첫 장면은 왕의 침실로서 여기서 왕은 모르드개의 충성에 대해 듣는 것으로 되어 있다. 두 번째 장면은 왕의 잔치가 벌어진 궁전에서 왕이 하만의 반역적인 행위를 듣는다. 특별히 19-10장에서는 유다인의 승리와 부림절의 기원이 기록되어 있다.

에스더서에 나타난 에스더(별이란 뜻)의 성격을 보면 그는 아름답고 정숙하였으며(2:15), 애교가 있었고(2:917), 순종하는 성격이었으며(2:10), 겸손하였고(4:14), 용감하였으며(7:6), 충성과 끈기 있는 성격이었음을 볼 수 있다(2:22; 8:1-2).

에스더서에는 세 번에 걸친 잔치가 중심을 이루고 있다. 첫째는 5-6장에 나오는 '환회의 잔치'이다. 두 번째는 7장에 나오는 '응보의 잔치'이고, 세 번째는 8-10장에 나오는 '추억의 잔치'이다.

에스더서가 주는 교훈은 하나님의 약속을 믿고, 담대히 나가면 모르드개의 경우에서 볼 수 있듯이 하나님은 반드시 보호해 주시고, 번영케 해주신다는 점이다. 특별히 에스더가 자기 백성을 구하기 위해 자기의 모든 것, 심지어 생명까지 바친 모습을 통해서 신앙과 애국의 관계를 보게 된다.

에스더서는 위에서 말한 대로 하나님이란 이름이 단 한 번도 안 나오지만, 그러나 하나님의 통치하시는 능력과 섭리에 대한 놀라운 간증서이다. 로마서 8장 28절은 바로 에스더서의 주제라고 할 수 있다. "우리가 알거니와 하나님을 사랑하는 자, 곧 그 뜻대로 부르심을 입은 자들에게는 모든 것이 합력하여 선을 이루느니라."

그러나 에스더서에 나타난 강한 민족주의적인 색채에 대해서는 많은 신학적 논란이 없지 않다.

욥기서는 어떤 책인가?

욥기서는 구약의 시편, 잠언, 전도서, 아가서와 함께 시가서에 속한다. 욥기는 고난을 주제로 한 책으로서 중심 되는 구절은 '단련하다'란 말이며, 요절은 23:10절의 말씀이다. "나의 가는 길을 오직 그가 아시나니 그가 나를 단련하신 후에는 내가 정금같이 나오리라" 욥기에서 중요한 것은 고난이란 죄인에게만 주어지는 것은 아니며 때로는 의인에게도 주신다는 점을 다루고 있다.

욥기서는 족장시대에 살았던 욥이란 사람의 드라마이다. 욥이란 말의 뜻은 회개하는 자란 말이다. 욥기의 문학적 가치에 대해 괴테의 「파우스트」도 이 욥기에서 영감을 받아 쓴 명저라는 점이 웅변적으로 잘 말해 준다. 위대한 미국의 시인인 테니슨은 욥기를 "고대와 현대를 통틀어 시 가운데서 가장 훌륭한 시"라고 칭찬을 하였다. 그러나 욥기서가 위대한 것은 우리들이 흔히 가지는 의문점, 즉 의인이 왜 고난을 당해야 하는가를 심도 있게 다루고 있기 때문이다.

그러나 욥기서가 한국 사람들에게 많이 알려진 것은 욥기서 8:5-7절의 말씀 때문이다. "네가 만일 하나님을 부지런히 구하며 전능하신 이에게 빌고, 또 청결하고 정직하면 정녕 너를 돌아보시고, 네 의로운 집으로 형통하게 하실 것이라. 네 시작은 미약하였으나 네 나중은 심히 창대하리라." 참 재미있는 사실은 이 구절이 욥기의 핵심은 아니며 약간은 기복적인 면이 있는 구절이란 점이다.

욥기서를 보면 사탄은 사람들이 하나님을 믿는 것은 부와 명예를 받기 위해서라고 하였다(욥1:1-2:8). 즉 자기의 이익을 구하기 위해서라는 것이다. 그러면 왜 사람들이 고난을 당하는가? 욥의 세 친구들, 즉 엘리바스와 빌닷, 그리고 소발은 죄로 인해서라는 고전적 견해를 피력한다. 그래서 그들은 "죄없이 고난을 당하는 자가 누구인가?"(4:7)라고 묻는다. 그러나 그 중에서 젊은 엘리후의 발언은 가장 정당하다. 왜냐하면 그는 고난을 하나님의 채찍이라고 보았기 때문이다.

마침내 하나님은 욥에게 나타나셔서 하나님을 경외하는 자에게 고난이 임하는 것은 자기 자신을 깨닫게 하기 위함이라고 하였다. 그래서 막다른 골목에 도달했을 때에 우리를 건져주시는 것이다. 당시 욥은 선한 사람이었지만, 그러나 문제는 스스로를 의인으로 자처하였다. 욥기 29:1-25절을 보면 그는 '나', '나의'란 자신을 내세우는 말을 무려 52번이나 하고 있다.* 이것이 바로 욥의 문제였던 것이다. 하나님은 욥의 고난을 통해 이것을 깨닫게 하신 것이다.

또 한편으로 욥기서는 예수님의 십자가의 고난을 이해하게 하는 모형이 된다. 여기서 우리는 오늘날에도 세상에서 의로운 많은 사람들이 고난을 당하고 있는 것은 반드시 죄 때문만은 아니며 때로는 단련시키시고, 바로 잡아주기 위해서 온다는 점을 욥기서를 통해서 우리는 배워야 한다.

그밖에도 욥기서를 통해 우리는 사탄의 능력과 그의 권세의 제한성, 부활에 대한 사실 등 많은 진리를 보게 된다. 욥기서에는 참 위로자가 누구신가를 보여준다. 욥의 네 친구들은 참으로 졸렬한 위로자들이었다. 엘리바스는 하나님은 실수하시는 일은 결코 없으시니 무엇인가 욥에게 잘못이 있을 것이라고 하였다. 빌닷은 하나님은 공의로우시니 네 죄를 고백하라고 하였고, 소발은 하나님은 전적으로 지혜로우셔서 사람을 살피시고 아신다고 하였다. 엘리후는 하나님은 선하시니 위를 우러러 보고 그를 믿으라고 하였다. 그러나 이들은 전혀 욥을 위로해주지 못하였다. 참 위로자는 바로 하나님 자신이었다. 하나님은 회오리바람 속에서 나타나시어 욥을 향해 이렇게 말씀하셨다. "너는 대장부처럼 허리를 묶고 내가 네게 묻는 것을 대답할찌니라(40:7).

이때 욥은 이렇게 대답하였다. "주께서는 무소불능 하시오며 무슨 경영이든지 못 이루실 것이 없는 줄 아오니이다"(42:2).

이어서 "내가 주께 대하여 귀로 듣기만 하였삽더니 이제는 눈으로 주를 뵈옵나이다. 그러므로 내가 스스로 한하고 티끌과 재 가운데서 회개 하나이다"(42: 5-6).

이것은 신앙의 승리를 말하는 것이다. 참된 승리는 우리가 하나님의 뜻에 굴복할 때, 그래서 하나님의 길을 찾게 될 때 오는 것이다. 그러므로 우리는 승리를 하기 위해서는 자신을 낮추고, 순종하기 위해서는 자신을 굽혀야만 하는 것이다.

이런 점에서 욥의 친구들은 잘못되었다. 처음에 고난 속에 있는 욥은 친구들의 방문을 기뻐했으나, 그러나 나중에는 욥에게 고난만 더해주었다. 그들은 자신들의 입장에서 모든 것을 생각하였기 때문이었다. 그러므로 오직 하나님만이 모든 것을 이해하신다. 사실 이 세상에는 우리가 답할 수 없는 수많은 질문들이 있다. 이런 것들을 인간적인 입장에서 생각하고 답하는 것이 얼마나 어리석고 잘못되었는가를 욥기서는 잘 말해주고 있다.

잠언은 어떤 책인가?

시가서의 하나인 잠언의 본래의 제목은 '솔로몬의 잠언들'로 되어 있다. 시편과 같이 잠언은 한 사람의 글이 아니라 여러 사람에 의해 완성되었으며 그 대표적 저자가 솔로몬이다. 잠언1장 1절에 보면 표제가 나온다. "다윗의 아들 이스라엘 왕 솔로몬의 잠언이라"고 했다.

잠언 안에도 시편에서 볼 수 있는 많은 시적 대구법이 나온다는 점을 우리는 주목할 필요가 있다.

또 잠언 안에는 일반적 교훈들도 많이 나오기 때문에 당시의 지혜 문학과 유사점이 있으나 "하나님을 경외하라"는 구절들은 잠언의 독특성을 보여 준다. 짧고 간결한 지혜들을 보면 "뇌물은 임자의 보기에 보석 같다"(17:8; 14:20), "뇌물을 싫어하는 자는 사느니라"(15:27), "너는 잠자기를 좋아하지 말라. 네가 빈궁하게 될까 두려우니라"(20:13) 등등 많이 있다.

그러면 잠언의 목적은 무엇인가? 잠언 1:2-6절에 자세히 목적을 기록하고 있다. 첫째는 '지혜와 훈계를 알게'하려는데 있다고 하였다(2절). 둘째는 "명철의 말씀을 깨닫게"하고(2절) 셋째는 "지혜롭게, 의롭게 공평하게, 정직하게 행할 일에 대하여 훈계를 받게" 하려고(3절), 넷째는 "어리석은 자로 슬기롭게 하며 젊은 자에게 지식과 근신함을 주기 위한 것"(4절)이다. 다섯째는 '잠언과 비유와 지혜 있는 자의 말과 그 오묘한 말을 깨닫도록' 하려는데 잠언의 목적이 있다. 그러나 가장 중요한 것은 잠언에서 참 지혜가 바로 예수 그리스도이시며 그가 바로 우리 생의 목적이란 것을 발견해야 한다. 그러므로 잠언에서 지혜란 말 대신에 그리스도란 말을 대신 넣으면 이해가 빠르다.

같은 시가서인 시편과 잠언을 비교해 보자. 먼저 시편이 기도를 위한 것이라면 잠언은 우리의 행위를 위한 것이고, 시편이 기도의 골방을 위한 것이라면 잠언은 직장이나 활동 장소를 위한 것이다. 따라서 이 두 책은 손의 안팎과 같다.

잠언은 크게 세 가지로 구분된다. 1-10장은 젊은이들을 위한 권고이고, 11-20장은 모든 사람을 위한 권고이며, 21-31장은 왕과 통치자를 위한 권고로 되어 있다. 먼저 '젊은이들을 위한 권고'를 보면 주로 지혜에 대해 언급하고 있다. 지혜에 대해 1장 7절에서 다음과 같이 말한다. "여호와를 경외하는 것이 지식의 근본이어늘 미련한 자는 지혜와 훈계를 멸시하느니라" 이 구절은 잠언의 주제라고도 할 수 있다. 또 2장 20절에서는 "지혜가 너로 선한 자의 길로 행하게 하며 또 의인의 길을 지키게 하리니"라고 했고, 3장 6절에서는 "너는 범사에 그를 인정하라. 그리하면 네 길을 지도하시리라"고 가르쳐주고 있다.

11-20장의 '모든 사람을 위한 권고'에 보면 이런 말들이 있다. 흩어 구제하여도 더욱 부하게 되는 일이 있나니 과도히 아껴도 가난하게 될 뿐이니라(11:24) 미련한 자는 자기 행위를 바른 줄로 여기나 지혜로운 자는 권고를 듣느니라(12:15) "많은 친구를 얻는 자는 해를 당하게 되거니와 어떤 친구는 형제보다 친밀하니라(18:24).

21-31장의 '왕과 통치자를 위한 권고'에는 다음과 같은 말씀이 나온다. "입과 혀를 지키는 자는 그 영혼을 환난에서 보전하느니라"(21:23), "많은 재물보다 명예를 택할 것이요 은이나 금보다 은총을 더욱 택할 것이니라"(22:1), "포도주는 붉고 잔에서 번쩍이며 순하게 내려가나니

너는 그것을 보지도 말찌어다"(23:31), "너는 모략으로 싸우라. 승리는 모사가 많음에 있느니라"(24:6), "너는 내일 일을 자랑하지 말라 하루 동안에 무슨 일이 날는지 네가 알 수 없음이니라"(27:1), "왕은 공의로 나라를 견고케 하나 뇌물을 억지로 내게 하는 자는 나라를 멸망시키느니라"(29:4).

잠언에서 가장 사랑을 많이 받는 구절은 잠언 31장 10절 이하의 현숙한 여인에 대한 구절이다. "누가 현숙한 여인을 찾아 얻겠느냐 그 값은 진주보다 더 하니라. 그런 자의 남편의 마음은 그를 믿나니 산업이 핍절치 아니하겠으며 그런 자는 살아 있는 동안에 그 남편에게 선을 행하고 악을 행치 아니하느니라. 그는… 밤이 새기 전에 일어나서 그 집 사람에게 식물을 나눠주며 여종에게 일을 정하여 맡기며 밭을 간품하여 사며 그 손으로 번 것을 가지고 포도원을 심으며 힘으로 허리를 묶으며 그 팔을 강하게 하며 자기의 무역하는 것이 이로운 줄을 깨닫고 밤에 등불을 끄지 아니하느니라. 고운 것도 거짓되고 아름다운 것도 헛되나 오직 여호와를 경외하는 여자는 칭찬을 받을 것이라. 그 손의 열매가 그에게로 돌아갈 것이요 그 행한 일을 인하여 성문에서 칭찬을 받으리라"(잠31:10-31).

전도서는 어떤 책인가?

　전도서의 본래 이름은 '전도자', 혹은 '설교자'란 뜻을 가진 '코헬레크'였다. 저자는 자신을 "다윗의 아들"(전1:1), "예루살렘에서 이스라엘의 왕"(1:12)이라고 소개하고 있다. 전도서는 "헛되고 헛되며, 헛되고 헛되니 모든 것이 헛되도다. 사람이 해 아래서 수고하는 모든 수고가 자기에게 무엇이 유익한고"라는 말로 시작된다. 세상의 모든 부귀와 영광을 다 누린 솔로몬이 왜 이런 염세적이고, 허무주의적인 말을 하고 있는 것일까? 그것은 하나님을 떠난 인생의 허무함을 말한 것임을 아는 것이 중요하다. 솔로몬은 결코 인생 자체가 허무하다든지 무의미하다고 말하는 것이 아님을 전도서 마지막 부분에서 분명히 알 수 있다.

　전도서의 내용은 크게 세 부분으로 되어 있다. 첫 번째 부분인 1:1-11절은 모든 것이 헛되다는 주제를 언급하고 있다. 솔로몬은 지혜가 있는 사람이었으나 그 지혜를 따르지는 못했다. 그래서 그는 '해 아래' 모든 것을 추구한다. 이 작은 책에서 해 아래란 구절이 무려 28번이나 나오는 것은 주목할 일이다. 두 번째 부분은 1:12-6:12절의 말씀으로 내용은 모든 것이 헛되다는 증거를 나열한다. 먼저 그는 인간 지혜의 허무함, 의로움과 재물과 존귀의 허무함을 말한다. 또 쾌락과 술, 사업과 성(性), 젊음과 힘, 생명과 사후 등 모든 것이 헛되다고 말한다. 솔로몬은 인간이 어떻게 하면 하나님을 떠나도 행복과 만족을 얻을 수 있는가를 추구했던 것이다. 그는 과학에서, 철학에서 만족을 얻으려고 했던 것이다. 심지어 유물론 운명론, 이신론을 추구해 보기도 하였으나 모든 것이 헛된 것임을 깨달은 것이다. 그래서 전도자는 마지막으로 7:1-12:14에서 헛된 삶속에서 어떻게 사는 것이 바람직한 것인지를 권고하고 있다. "너는 청년의 때 곧 곤고한 날이 이르기 전, 나는 아무 낙이 없다고 할 해가 가깝기 전에 너의 창조자를 기억하라. 해와 빛과 달과 별들이 어둡기 전에 비 뒤에 구름이 다시 일어나기 전에 그리하라"(12:1-2). 전도서의 결론은 12:13절에 나온다. 일의 결국을 다 들었으니 하나님을 경외하고, 그 명령을 지킬지어다. 이것이 사람의 본분이니라.

그러면 전도자는 과연 무엇을 우리들에게 권면하고 있는가? 그는 전도서 전반에 걸쳐 인생을 즐기라고 말한다. 이 말은 절망 속에 있는 사람들에게 쾌락을 즐기라는 말로 이해하기 쉽다. 그러나 전도서를 보면 참 쾌락이란 소위 말하는 쾌락주의가 아니고, 사람이 수고함으로 얻는 결과를 즐기는 것을 말한다. 이것을 전도자는 하나님의 선물로 본 것이다. 그리고 참 향락은 하나님을 기쁘시게 하고(2:26), 그분을 경외하고(8:16), 장차 임할 심판을 염두에 두면서 자제하는 생활을 하는 자만이 누릴 수 있다고 보았다. 전도서에서 두드러진 구절들은 '때', '내가 보았다', '내가 안다', '내가 생각한다' 같은 용어들이다.

전도서는 우리들에게 인생은 참으로 살 가치가 있는 것일까? 하는 문제를 제기한다. 처음에 전도자는 생은 살 가치가 없으며, 삶이란 헛된 것이라고 시작한다.

그 이유로 그는 네 가지를 든다. 첫째로 인간은 커다란 바퀴의 톱니에 지나지 않는다(1:4-11). 둘째로 인간은 생을 이해할 수 없다(1:12-18). 셋째로 인간의 부와 쾌락은 참 만족을 주지 못한다(2:1-11). 넷째로 인간은 결국 죽어야 하고, 죽음은 모든 것을 끝낸다(2:12-23).

그러면 본문이 주는 교훈은 무엇인가? 첫째로 나는 전도자가 그러했던 것처럼 해 아래에서 육을 추구하고 있지는 않는가를 살펴보고 믿음으로 살아(11:1-6), 또 인생은 끝이 있음을 기억하고 날마다 종말론적인 삶을 살라는 것이다. 둘째로 참 행복은 내가 부서지고, 깨어진 다음에야 가능한 것이다. 그러므로 내가 먼저 죽어야 한다. 이것은 바울이 말한 것처럼 해 아래가 아닌 해 위의 삶, 즉 하늘에서의 영광스러운 삶을 바라보면서 사는 것이다.

전도서에서 필자가 좋아하는 부분은 3장이다. 특별히 3장 1절에서 8절에 나오는 때에 대한 교훈은 나로 하여금 참고 기다리는 지혜를 가르쳐준 것이다. "천하에 범사가 기한이 있고 모든 목적이 이룰 때가 있나니 날 때가 있고 죽을 때가 있으며 심을 때가 있고 심은 것을 뽑을 때가 있으며… 헐 때가 있고 세울 때가 있으며 울 때가 있고 웃을 때가 있으며 슬퍼할 때가 있고 춤출 때가 있으며… 찾을 때가 있고 잃을 때가 있으며 지킬 때가 있고 버릴 때가 있으며… 잠잠할 때가 있고 말할 때가 있으며 사랑할 때가 있고 미워할 때가 있으며 전쟁할 때가 있고 평화할 때가 있느니라."

아가서는 어떤 책인가?

'기독교인의 연가'라고 불리는 이 아가서는 솔로몬에 의해 기록되었다. 원문에는 '노래들 중의 노래'라고 되어 있다. 고대 70인역이나 라틴어성경인 벌게이트에는 이 명칭을 따랐다. 그러나 흠정역에는 '솔로몬의 노래'라고 되어 있고 우리말의 아가서란 말은 '아름다운 노래의 책'이란 뜻이다.

아가서에 보면 참된 애정, 정열적인 욕망, 우정과 결합의 기쁨, 갈등의 괴로움과 상호간의 진실과 친절 등이 나온다. 전체적으로 보면 사랑의 시작, 사랑의 진전, 사랑의 갈등, 사랑의 승리로 되어 있어서 사랑이 성숙되어 가는 모습을 볼 수가 있다.

간단히 말하면 아가서는 솔로몬이 그의 사랑하는 술람미 여인을 그리워하며 부른 노래이기 때문에 한때는 정경성에 대해 논란이 많았던 책이기도 하다.

아가서에서 문제가 되는 것은 이것이 어떻게 하나님의 말씀이 될 수 있느냐? 이것은 솔로몬의 연애편지가 아니냐? 하는 것이다. 그래서 해석방법에 논쟁이 따른다. 어거스틴 이후에 이 아가서는 알레고리칼하게 해석하여 왔다. 즉 하나님이 이스라엘백성을 그의 연인으로서 사모하는 말씀으로 해석하여 온 것이다. 이 방법 외에도 목자론적으로 해석하는 방법, 즉 노래의 주인공을 어느 한 목자로 보고 해석하는 것이다. 그밖에도 모형론적 해석도 있고, 필자의 은사인 웨스트민스터의 에

드워드 양은 비유적 해석 방법을 취하였다. 어쨌든 중요한 것은 이 아가서를 통해서 하나님은 우리들에게 하나님의 참 사랑, 비록 우리가 마치 정부(情夫)를 두고 음행을 하듯이 남편 되신 하나님 외에 우상을 섬기고 있지만 그럼에도 불구하고 우리를 버리지 않고 사랑하신다는 것을 보여주고 있다는 점이다. 그러므로 아가서는 우리의 눈을 그리스도에게로 향하게 하는 책이라고 할 수 있다.

아가서에서 가장 사랑을 많이 받는 구절은 아가서 2장 10절에서 14절에 있는 말씀이다. "나의 사랑하는 자가 내게 말하여 이르기를 나의 사랑, 나의 어여쁜 자야 일어나서 함께 가자. 겨울도 지나고 비도 그쳤고 지면에는 꽃이 피고 새의 노래할 때가 이르렀는데 반구의 소리가 우리 땅에 들리는구나. 무화과나무에는 푸른 열매가 익었고, 포도나무는 꽃이 피어 향기를 토하는구나. 나의 사랑, 나의 어여쁜 자야 일어나서 함께 가자. 바위 틈 낭떠러지 은밀한 곳에 있는 나의 비둘기야 나로 네 얼굴을 보게 하라. 네 소리를 듣게 하라. 네 소리는 부드럽고 네 얼굴은 아름답구나."

아가서의 요절은 6장 3절의 말씀이다. "나는 나의 사랑하는 자에게 속하였고, 나의 사랑하는 자는 내게 속하였다. 그가 백합화 가운데서 그 양떼를 먹이는구나." 이것은 이스라엘에 대한 하나님의 사랑이 얼마나 큰가를 보여준다. 에베소서 5장 22절 이하에 보면 아가서에 나오는 솔로몬이 바로 그리스도의 모형임을 깨닫게 해준다. 무엇보다도 아가서는 순결한 사랑의 기쁨이 무엇임을 보여주는 것이다. 따라서 아가서에서 우리는 성도들이 그리스도와 가지는 순결한 사랑이 어떻게 시작하여서 어떻게 진전되어 어떤 열매를 맺는가를 발견하는 것이다.

이사야서는 어떤 책인가?

이사야란 말은 '여호와의 구원' 혹은 '여호와는 구원하신다'란 뜻이다. 이사야는 남왕조인 유다사람으로 웃시야, 요담, 아하스, 히스기야의 네 시대에 활동했던 선지자이다. 전설에 의하면 이사야 선지자는 므낫세 왕 때에 톱으로 켜서 죽임을 당했다고 한다. 그는 본래 귀족 출신으로서 궁중생활에 익숙했으며 정치에 조예가 깊은 사람이었다.

이사야서는 이사야서란 그의 이름 그대로 구원문제를 중심으로 다루고 있다. 구약을 보면 이스라엘의 황금기에는 시가서가 기록되었고, 암흑기에는 선지서들이 기록된 것을 볼 수 있다. 구약의 선지자들을 보면 문서를 남긴 선지자들이 있는가 하면 문서는 남기지 않고 예언만 한 선지자들이 있다. 또 문서를 남긴 선지자들을 보면 전부 17권인데 우리는 흔히 대선지서와 소선지서로 구분한다. 이것은 각 책의 중요성에 의해 구분한 것이 아니고, 그 책의 분량에 의해 많으면 대선지서이고, 적으면 소선지서로 나누었다. 선지서의 시대적 구분을 보면 포로 이전과 이후로 되어 있는데 이사야서는 후기의 기록으로 보고 있다.

이사야가 책을 기록한 목적은 기울어져 가는 유다왕국의 장래를 바라보면서 유대백성이 경성하고 회개를 하도록 하기 위해서, 그리고 구원이란 하나님의 은혜로 말미암아 이루어진다는 것을 가르쳐 깨닫도록 하기 위해서였다. 이사야서는 성경전체와 유사한 관계를 가지고 있다. 전체가 성경의 권수와 같게 66장으로 되어 있고, 앞의 39장과 뒤의

27장은 그 배경이 서로 다르다. 앞부분은 그 배경이 포로 이전이고, 하나님의 심판을 중심으로 기록되었고, 뒷부분은 그 배경이 포로 이후이며 구원에 대한 소망으로 되어 있다.

이사야서에 나타난 죄들을 보면 첫째 우상숭배(2:8-9), 둘째 교만(2: 7:5: 13), 셋째 술 취함(5:11-12: 22:2, 28:1-3), 넷째가 탐욕과 압제(3:12: 5:7-8, 23)로 되어 있다.

우리가 이사야서와 같은 구약의 예언을 해석함에 있어 중요한 것은 그 예언의 성취가 복합적이란 점이다. 다시 말하면 그 예언이 구약의 맥락 속에서 실제로 이루어졌지만 또 한편으로는 신약의 예수 그리스도를 통해서 완성되었다는 것을 이해하지 않고는 많은 혼동이 생긴다. 예를 들면 이사야서 7:13-14절에 나오는 예언은 당시에 아들을 낳을 것이란 예언으로서 유다의 구원에 대한 확신을 주시기 위한 것이었으나, 궁극적으로는 예수님의 동정녀 탄생에 대한 예언이기도 하다는 말이다. 또 이사야서 40:3절의 예언은 스룹바벨이 바벨론에 포로로 잡혀가 있는 유대백성들 앞서 고국으로 돌아오면서 길을 예비할 것을 예언한 것이지만, 그러나 또 한편으로는 세례요한이 예수님 앞서 와서 길을 예비할 말씀으로 해석하고 있는 것이다. 이처럼 구약의 예언은 이중적 혹은 복합적 성취가 있다는 것을 우리는 알아야 한다.

놀라운 것은 그리스도의 이중적 오심, 즉 초림과 재림에 대한 예언이 이사야서에 나오고 있다는 사실이다. 그 유명한 이사야 53장에는 초림하실 주님의 모습이 너무도 생생하게 묘사되어 있다. 반면 34장에 보면 하늘의 만상이 사라지고(34:4) 여호와께서 모든 원수들을 갚으시며(5-7) "영영히 차지하며 대대로 거기 거하리라"는 재림의 예언이 언급되어 있다. 11장과 12장에 기록된 메시아에 대한 기록을 보면 11:1절에는 그는 왕 되신 분이라고 하였고, 2절에는 기름부음을 받으실 것을 언급했으며 3-5절에는 주님의 의로운 통치에 대해서, 6-9절에는 영광스러운 왕국에 대해서, 10-16절에는 주님의 백성이 세상 각 곳으로부터 모일 것을 예언하고 있고, 12장에는 그의 왕국예배가 나온다.

이사야서에서 가장 중요한 부분은 40-66장에 나오는 「위로의 책」이다. 여기에는 유다가 회복될 것을 예언했을 뿐 아니라 장차 메시아 되시는 여호와의 종이 오실 것을 말씀하고 있기 때문이다. 53장은 우리에게 너무도 잘 알려진 고난의 종에 대한 구절이다. 그는 실로 우리의 질고를 지고 우리의 슬픔을 당하였거늘(4절) 우리는 다 양 같아서 그릇 행하여 각기 제 길로 갔거늘(6절)이라고 하면서 그가 대속의 제물이 되심을 너무도 생생하게 예언하고 있는 것이다.

예레미야 서

예레미야가 활동한 때 왕들은 요시아, 여호야김, 여호야긴, 시드기야, 느부갓네살, 그다랴, 요하난의 일곱 왕들의 시대였다.

1. 예레미야는 세 가지 사역을 했다.

첫째로 유다에 남아 있는 대다수의 사람들에게 바벨론 포로애 관하여 예언을 했고 둘째 29장에서는 바벨론 포로로 잡혀간 사람들에 관해 위로의 말씀을 전했다. 셋째는 46장에서 51장까지 아홉 이방족속에게 심판이 임할 것을 선포했다.

그 내용은 애굽(46장), 블레셋(47장), 모압(48장), 암몬(49장 1-6절), 에돔(49장 7-22절), 다메섹(49:23-27), 게달과 하솔(49:28-33), 엘람(49:34-39), 바벨론(50-51장)에 관한 것이다. 예레미야는 아홉 족속의 이름을 열거한 후에 하나하나씩 예언하고 있다.

2. 그 예언의 내용을 요약하면 다음과 같다.

(1) 애굽에 관한 예언(렘 46:1-27). 애굽이 갈그미스 전쟁에서 느부갓네살 왕에게 패할 것이라고 했다. 애굽의 군대는 두려워 도망갈 것이고 그들의 시체는 유브라데 강물로 덮일 것이라고 했으며 그들의 죄는 고칠 수 없을 것이라고 했다. 애굽의 지도자인 바로 호브라는 소리만 쟁쟁 울릴 뿐 실속이 없이 놀림만 당할 것이다. 애굽은 마침내 느부갓네살 왕에게 점령 당할 것이라고 했다.

(2) 블레셋에 관한 예언(렘 47:1-6) : 블레셋은 애굽인들에 의해 엄몰 당할 것이며 강한 블레셋 사람들은 울부짖을 것이라고 했다. 블레셋의 맹방인 두로와 시돈이 동시에 격파될 것이라고 했다. 그 결과는 가사와 아스글론이 완전히 멸망할 것이고 했다.

(3) 모압에 관한 예언(렘 48:1-47) : 느부갓네살의 군대가 모압을 완전히 압도할 것이며 그들의 신인 그모스가 제사장들과 함께 포로로 끌려갈 것이라고 했다. 그 전에 모압은 여러 곳에서 침입을 받아 혼란에 빠질 것이라고 했다. 결국 모압은 이스라엘이 그모스로 인해서 수치를 당한 것처럼 될 것이라고 했다.

(4) 암몬에 관한 예언(렘49:1-6) : 이스라엘의 도시들을 점령하고 밀곰 우상을 섬긴 죄로 응징될 것이라고 했다. 그뿐 아니라 방백들과 제사장들과 함께 밀곰은 포로로 끌려갈 것이라고 했다.

(5) 에돔에 관한 예언(렘49:7-22) : 모든 도시들은 소돔과 고모라처럼 사람들이 없게 될 것이다. 그들의 부르짖음이 홍해에까지 들리지만, 그러나 하나님께서는 에돔의 과부와 고아들에게는 자비를 베풀 것이라고 했다.

(6) 다메색에 관한 예언(렘 49:23-27) : 다메색의 모든 군대가 하루아침에 멸망할 것이며, 도시에 불이 나서 벤하닷의 궁전이 불타버릴 것이라고 했다.

(7) 게달과 하솔에 관한 예언(렘49:28-34) : 게달은 느부갓네살에게 멸망할 것이며 부유한 베두인 족속들을 다 멸망시킬 것이고 하솔은 무너지고 다시 재건하지 못할 것이라고 했다.

(8) 엘람에 관한 예언(렘 49:34-39) : 엘람은 느부갓네살에 의해 정복 당할 것이며 유다의 마지막 왕인 시드기야가 예루살렘에서 통치할 것이며 엘람은 천년왕국 때에 재건될 것이라고 했다.(2:34/바

벨론과 미래에 있게 될 바벨론)이 하나님께 멸망당할 것이라고 했다.

3. 예레미야의 개인적 이력이 나온다.

첫째는 요시야 통치 때에 예레미야가 부르심을 받는다(렘1:1-10) 요시
　　야 통치 때에 예레미야가 하나님의 사역자로 부르심을 받는
　　다.(3:12-14. 26:1-7).

둘째는 하나님에게 돌아올 것을 외침.

셋째로 유다의 죄목 열 가지를 언급하고 있다(렘2:21/ 2:21/ 2:22/2:34/
　　3:3/ 3:8/ 2:30/ 6:28/ 7:18. 44:17/ 7:31,19:5).

넷째로 그들의 불복종으로 인해 마지막 경고를 하고 있다.

다섯째로 이스라엘 백성들이 메시지를 조롱하고 거절함으로 눈물의
　　선지자가 됨(렘4:19: 8:21: 9:1-2, 10: 13:17: 14:17),

여섯째로 느부갓넷살 치하에서의 예레미야(렘 39:4-7: 52:6-11: 39:11-12:
　　40:1-6: 39:14).

일곱째로 그다랴 치하에서의 예레미야(렘 49:7-12, 40:13-16).

여덟째로 요하난 치하에서의 예베리미야(42:1-5).

예레미야의 예언은 크게 18가지의 예언으로 구성되어 있다.

1. 예루살렘의 몰락(1:14-16: 4:5-9: 5:15-17: 6:1-6: 32:2-3: 38:17-18)

2. 예루살렘 성전의 파괴(7:11-15: 26:6-9)

3. 폐위된 아하스하스가 애굽에서 죽음(22:10-12)

4. 여호야김의 애도받지 못하고 죽음(36:27-30)

5. 여호야긴의 왕통단절(22:24-30)

6. 거짓 선지자들의 죽음(29:20-32)

7. 예루살렘의 거짓 선지자의 죽음(28:13-17)

8. 스라야의 체포와 추방(51:59)

9. 애굽과 유다의 군사동맹(37:5-10)

10. 갈그미스 전투에서의 바벨론의 애굽에 대한 승리(46:1-12)

11. 애굽의 바벨론 점령(43:9-13)

12. 유다의 칠십년간의 바벨론 포로 생활(25:11/ 29:10)

13. 칠십 년 후 예루살렘의 귀환(27:19-22/ 30:3/ 10-11/ 18-21/31:9. 12. 38-39/33:33-39)

14. 칠십 년 후 바벨론의 패배(25:12/27:7)

15. 시드기야의 억류(21:3-7/34:1-5/37:17)

16. 바벨론에 있는 경건한 포로들에 대한 찬졸헌 대접(24:1-7)

17. 이스라엘 백성의 종국적 회집(30:3, 10/ 31:8-12)

18. 이스라엘 땅의 종국적 재건.(30:18-21/ 31:38-39/33:7-9)

예레미야애가

예레미야 애가서는 다섯 개의 슬픔의 노래로 되어 있다. 이 노래들은 바벨론에 의한 이스라엘의 비극적 멸망을 슬퍼하고 있다. 문학적 형식은 시편에 있는 119편과 유사한 이합체 즉 시의 첫 글자를 알파벳으로 배열한 점이다.

특징은 제1장과 2장의 22절은 히브리어의 알파벳 22자로 이삭하고 있다는 점이다. 제3장은 66절로 되어 있는데 3절씩을 한 단위로 하는 22개의 군(무리)으로 나누어지고 각 군은 다른 철자로 시작하고 있다. 전설에 의하면 예레미야는 예루살렘 북쪽 성 밖에서, 즉 골고다에서 울었다고 한다.

예레미야 애가는 눈물과 슬픔으로 얼룩져 있는 것이 특징이다. 애가서는 눈물의 교향곡이라고 할 수 있다. 그래서 우리는 예레미야를 흔히 눈물의 예언자라고 부른다.

에스겔서는 어떤 책인가?

에스겔이란 말은 '하나님께서 강하게 하신다'라는 뜻이다. 에스겔 선지자는 유다나라가 바벨론에 주전 597년에 첫 번째 포로로 잡혀갔을 때에 여호야긴 왕과 함께 잡혀갔던 선지자이다. 당시의 주변 정세는 무척이나 혼란스러운 때였다. 앗수르는 점차적으로 위세를 잃고 있었고 신흥 세력인 바벨론이 부각되고 있었다. 마침내 에스겔은 주전 597년에 포로로 잡혀갔다. 그 후 587년에는 명맥을 유지하던 나라마저 없어졌고, 바벨론에는 포로로 잡혀간 유다 사람들이 여기저기 흩어져 살고 있었는데 그 중에는 망국의 울분 때문에 절망 가운데 있는 사람들도 있었고, 또 바벨론의 풍습에 젖어 경건한 여호와 신앙을 버린 사람들도 있었다. 또 어떤 사람들은 거짓 선지자들의 금방 귀환할 것이라는 달콤한 예언에 속아서 마음이 들떠 있는 사람들도 있었다. 바로 이런 배경 속에서 에스겔은 예언을 하였다.

에스겔서는 크게 두 부분으로 나누어진다. 제1부는 1장에서 32장까지인데 여기에는 죄악에 대한 하나님의 심판의 경고가 기록되어 있다. 전반부의 주제는 하나님의 거룩함을 강조하고 있다. 특별히 1장에 기록된 하나님에 대한 환상과 8장에 나오는 심판에 관한 환상이 중심을 이루고 있다. 그래서 계속 강조되고 있는 것은 "그들이 나를 여호와인 줄 알리라"는 말씀이다. 무려 65회나 비슷한 말씀이 반복되고 있다.

제2부는 33장에서 48장까지인데 이 예언은 예루살렘이 함락된 후에

기록된 것으로서 새롭게 회복될 소망을 기록하고 있다. 여기서의 주제는 회복이다. 죄로부터 돌아선 자들의 회복의 날에 하나님은 저들의 왕과 목자가 되어주시고, 성전을 건축하시고 하나님께 신령한 예배를 드리게 하신다(40-46장)는 내용으로 되어 있다. 여기서 강조되고 있는 것은 하나님은 폐허 속에서도 그의 뜻을 이루어가시며 영광스러운 당신의 나라를 이루어 가신다는 주권사상이 잘 부각되어 있다.

에스겔서의 특징은 다니엘서와 함께 구약의 묵시문학을 대표하는 책이란 점이다. 그래서 하나님의 계시가 주로 환상을 통해 전달되고 있고, 예언들을 풍유적인 상징들을 통해 생동감 있게 기록하고 있다. 따라서 다니엘서나 에스겔서를 배경적으로 이해하지 못하고는 신약의 요한계시록을 이해할 수가 없는 것이다.

에스겔서에서 핵심이 되는 단어는 '하나님의 영광'이란 말이다. 11장까지에만 12번이나 나온다. 에스겔서에서 강조하는 것은 여호와의 영광이 유다의 우상숭배로 인해서 서서히 성전에서 떠난다는 점이다. 이것은 오늘날의 우리들에게도 중요한 교훈이 된다. 우리가 우상숭배로 인해 하나님을 슬프게 하면 그의 영광은 우리를 떠나게 되는 것이다. 따라서 우리의 심령이 파괴된 예루살렘 성전처럼 되지 않기 위해서는 우상을 멀리해야 한다.

에스겔서에서 주목할 것은 에스겔이 본 환상이다. 1-3장까지에는 그룹의 환상이 나오고, 8-11장에는 예루살렘에 범람한 죄로 인해 하나님의 심판이 임하여 그의 영광을 나타낼 것을 말씀하고 있고, 15장에는 유다의 상징인 불에 타는 포도나무의 환상이 나온다. 우리에게 가장 잘 알려진 것은 37장에 나오는 마른 뼈의 환상이다. 여기서 마른 뼈는 이스라엘을 상징한 것이지만 요한복음에 보면 니고데모에게 새 탄생을 말씀한 가운데 언급되고 있다.

필자는 에스겔서 37장에 나오는 마른 뼈의 환상에서 우리 민족에 대한 비전을 보았다. 어떻게 보면 오늘날 우리의 모습을 보여주고 있다고 볼 수 있다. 우리가 당면한 총체적인 부패는 바로 마른 뼈와도 같은 것이다. 그러나 여호와의 생기가 들어갈 때에 뼈 위에 힘줄이 생기고, 그 힘줄에 다시 살이 입히고, 가죽으로 덮이고, 마침내 생기가 들어가면서 하나의 군대를 이루게 된 것이다. 이것이 바로 신한국의 창조가 아니겠는가? 더구나 겔37:19절에서 '내 손에서 하나가 되리라'고 한 것은 물론 이스라엘과 유다가 하나님의 손 안에서 하나가 될 것을 말씀한 것이지만 또 다른 차원에서는 우리 민족의 통일이 하나님의 주권 안에서 이루어질 것임을 암시한 말씀으로도 적용할 수 있는 것이다. 이런 점에서 에스겔서는 오늘의 우리들에게 참된 환상과 비전을 주는 놀라운 책이라고 할 수 있다.

다니엘서는 어떤 책인가?

다니엘이란 이름은 '하나님은 나의 심판자'란 뜻이다.

그는 느브갓네살 왕의 제1차 침공시(주전 606)에 바벨론에 포로로 잡혀간 지혜와 신앙이 있는 소년이었다. 그는 구약의 계시록이라고 할 수 있는 12장으로 된 다니엘서를 기록하였다. 다니엘서 전반부(1-6장)는 역사를 후반부(7-12장)는 묵시를 기록하고 있다.

제1장은 다니엘의 이력을 기록하고 있다. 당시 느브갓네살은 문화말살의 정책의 일환으로 유대의 젊은이들을 데려다가 3년간 집중적인 교육을 시켰다. 그러나 다니엘과 그의 친구 셋은 왕의 진미를 거부하고, 하나님에 대한 신앙과 율법에 대한 신실성을 지킴으로 하나님은 그에게 지혜를 주셨고, 마침내 왕에게 등용되는 축복을 받았다는 내용으로 되어 있다.

제2장에서 7장까지는 이방세계에 대한 예언으로 되어 있다. 여기서 유명한 것은 2장에 나오는 금으로 된 신상과 7장에 나오는 네 짐승의 환상이다. 2장에서 느브갓네살이 본 환상의 내용은 머리는 금으로 되어 있고, 가슴과 팔은 은이요, 배와 넓적다리는 놋이요 그 종아리는 철이요 그 발의 일부분은 진흙으로 되어있는 신상이었다. 그런데 놀라운 것은 뜨인 돌이 신상을 쳐부수더니 그 돌은 큰 산이 되어 온 세계에 가득하게 되었다는 것이다. 여기서 중요한 것은 뜨인 돌은 바로 예수 그리스도를 의미한다는 점이다. 이것을 다니엘이 해석하였다. 느브갓네

살이 본 것은 사대제국을 의미한다. 금으로 된 머리는 바로 바벨론 제국을 의미하고, 은으로 된 가슴과 팔은 바벨론을 넘어뜨리고 계승하게 될 메데 바사를 의미한다. 다음은 놋으로 된 배와 넓적다리로서 이것은 바사국을 넘어뜨린 희랍을 상징한다. 그것은 알렉산더 대왕을 통하여 세계를 통치할 것을 말해준 것이다. 맨 나중에 나오는 철과 진흙으로 된 발과 발가락은 힘이 약하고 완전통일을 이루지 못한 로마를 상징한 것이었다.

특별히 주목할 것은 손으로가 아닌 뜨인 돌에서 우리는 그리스도의 왕국을 본다. 이 왕국은 영원한 나라이다. 그래서 많은 사람들은 과연 그 돌이 언제 던져질 것인가 하고 묻는다. 성경은 이에 대해 그 시와 때는 아무도 모른다고 했다. 아버지 하나님 외에는 아들도 천사도 아무도 모른다고 했다. 이것은 시한부종말론의 그릇됨을 잘 말해준다.

제7장에서는 다니엘이 느부갓네살의 꿈에 나타났던 왕국을 상징하는 네 짐승을 본다. 여기서 짐승으로 상징된 것은 그 제국의 야수성, 즉 도덕성을 암시해주는 말씀으로 해석하기도 한다. 즉 바벨론은 독수리 날개를 가진 사자와 같다고 했다. 둘째로 바사는 죽이는 것을 좋아하는 잔혹한 짐승인 곰으로 상징되었고, 세 번째 나라인 희랍은 사나운 표범으로 상징되고 있는 데 이것은 알렉산더 대왕의 정복욕을 보여준다. 네 번째 나라는 "무섭고 놀라우며 또 극히 강하며 또 큰 철이"(단 7:7)를 가진 나라라고 하였다. 여기서 제2장과 제7장은 별개의 것이 아니라 같은 내용을 다른 측면에서 말씀하고 있다는 것이다.

세 번째 부분인 8-12장은 이스라엘의 장래에 대한 예언으로 되어 있다. 여기에는 구원받게 될 이스라엘뿐 아니라 종말론적으로 성취될 하나님 나라에 대한 내용으로 되어 있다. 먼저 8장은 숫양과 숫염소의 환상을 통해 바사제국의 멸망과 희랍의 발흥을 보여준다. 9장은 70이

레의 환상으로서 두 가지 성취의 의미를 가진다. 첫째는 안티오커스 에피파네스를 통해 있게 될 박해의 모형을 보여주고, 둘째는 메시야 되신 예수 그리스도의 재림 직전에 있게 될 칠년대환란을 원형적으로 보여주는 것이다. 다시 말하면 적그리스도의 출현과 핍박이 있을 것을 예언한 것이다. 11장에는 애굽의 톨레미 왕조와 수리아의 셀루커스 왕조 사이에 있게 될 전쟁과 안티오커스 4세의 핍박을 자세하게 예언하고 있다. 12장에는 모든 묵시 문학이 그러하듯이 고난 가운데 있는 이스라엘의 궁극적 승리와 구원의 회복이 선포되고 있다.

여기서 우리는 묵시문학의 특징을 바로 이해하는 것이 중요하다. 그렇지 않고는 다니엘서는 영원히 닫힌 책이 되고 말 것이다. 묵시문학은 우주적 이원론의 기반 위에서 현실과 미래를 낙관적으로 묘사하며, 환상과 묵시를 통해 기록하고 있고, 동물적 상징주의도 사용한다. 그러나 결론은 언제나 장차 임하게 될 나라에 대한 소망으로 되어 있으며 그때까지 참고 기다릴 것을 권면한다.

호세아서는 어떤 책인가?

호세아란 말의 뜻은 '구원'란 말이다. 그는 웃시아 때부터 요담, 아하스, 히스기야에 이르기까지 활동했던 선지자이다. 호세아서는 참으로 이상한 사랑의 이야기이다. 호세아서를 보면 호세아가 음란한 여인인 고멜과 결혼하는 것으로 되어 있다. 이것은 하나님의 이스라엘에 대한 크신 사랑을 말해준다. 이것은 호세아 자신의 경험을 근거로 한 이야기이지만, 그러나 중요한 것은 하나님이 이 이야기를 통해서 이스라엘이 얼마나 하나님이 원하는 것과는 다른 방향으로 갔는지를 보여 주는 것이다. 다시 말하면 하나님은 사랑할 단 한 푼어치의 가치도 없는 이스라엘을 사랑하셨다는 뜻이다.

고멜은 창녀였지만 마침내 호세아의 이름을 따고, 그 가문의 명성을 갖게 되었다. 호세아는 고멜 때문에 가문에 먹칠을 하고 가정생활에 희생을 하였다. 이것은 우리의 처지와 너무도 흡사한 것이다. 그러나 고멜은 그의 남편인 호세아와 삼남매를 두고 죄의 길로 도망을 갔다. 그럼에도 불구하고 호세아는 계속해서 고멜에게 충실하였다. 여기서 우리는 하나님의 신실하심과 이스라엘의 부정을 볼 수가 있는 것이다. 하나님의 사랑이 얼마나 크고 간절하다는 것을 볼 수 있다는 말이다.

하나님의 기이한 사랑은 다음 말에서도 알 수 있다. "내가 저희의 패역을 고치고 즐거이 저희를 사랑하리니"(호14:4). 호세아서의 주제는 크게 두 가지이다. 하나는 하나님의 심판이고, 다른 하나는 하나님의 사랑이다. 공의로운 하나님은 범죄한 이스라엘을 심판하시지만, 그러나 심판으로 끝나는 것이 아니라 그 후에는 거저 주시는 하나님의 은혜와 사랑 때문에 이스라엘에게는 소망이 있다는 말이다. 호세아서의 핵심은 예수 그리스도께서 타락한 이스라엘의 치유자요 회복자요, 그리고 하늘의 신랑이 되신다는 것을 가르쳐준다.

그러면 이스라엘의 죄는 무엇인가? 첫째의 죄는 4:1절에 나오는 "진실도 없고 인애도 없고 하나님을 아는 지식도 없는 것"이라고 했다. 둘째는 4:11절에 나오는 음행에 마음을 빼앗긴 것이라고 지적하고 있다. 이것은 성도덕의 타락을 뜻하는 말이다. 셋째는 패역자들의 살육죄(5:2)이고, 넷째는 "궤사를 행하며 안으로 들어가 도적질하고, 밖으로 떼 지어 노략질하는 것"(7:1)이라고 했고, 다섯째는 "손에 거짓 저울을 가지고 사취하기를 좋아하는 것"(12:7)이라고 하였다. 즉 상도덕의 타락과 부패를 지적하고 있다. 놀라운 것은 당시 이스라엘의 죄는 백성의 죄뿐(4:1-3) 아니라 제사장들의 죄(4:4-8) 등 어느 한 부분만의 부패가 아니라 총체적인 부패임을 지적하고 있다는 점이다. 오늘날 우리나라의 부패는 어떠한가? 우리는 간음한 여인을 예수님 앞에 끌고 온 성난 군중들처럼 자신의 내면에 있는 깊은 죄악들을 표면적으로 덮어둔 채 특정한 몇몇 사람들을 향해서만 돌을 던지려 하고 있지는 않은가?

그러나 우리는 우리나라에 깊이 만연된 부패와 타락은 단순히 정치가들만의 부패가 아니고, 교회의 지도자들을 비롯한 모든 사람들의 부패란 점을 우리는 기억해야 할 것이다. 따라서 "네가 죄인이다"가 아니라 "우리가 죄인이다"란 의식을 가지고 내가 먼저 회개에 앞장서야 할 것이다. 그래야만 신한국 창조가 이루어질 수 있는 것이다.

그러나 11-14장의 말씀은 이스라엘의 소망에 관한 것이다. 여기서는 장차 누리게 될 이스라엘의 궁극적인 영광을 말씀하고 있다. "이스라엘의 어렸을 때에 내가 사랑하여 내 아들을 애굽에서 불러내었거늘"
이란 말씀에서 아버지로서의 사랑을 보여준다. 이 말씀이 마태복음
2:15절에 보면 아기 예수님이 애굽으로 피란가신 예언으로 해석하고
있다. 이스라엘에 대한 하나님의 사랑은 11:4절에도 잘 나타나 있다.
"내가 사람의 줄 곧 사랑의 줄로 저희를 이끌었고." 14:4-5절에도 비
슷한 말씀이 나온다. "내가 저희의 패역을 고치고 즐거이 저희를 사랑
하리니 나의 진노가 저에게서 떠났음이니라. 내가 이스라엘에게 이슬
과 같으리니 저가 백합화같이 피겠고 레바논 백향목같이 뿌리가 박힐
것이라" 여기서 이슬은 성령의 임재를 뜻한 말씀이다.

고멜을 음란하고 패역한 종자라고 판단하는가? 그 고멜은 오늘날 우
리 세대, 바로 나의 초상화임을 기억하자. 그럼에도 불구하고 때로는
우리를 거친 들로 데리고 나가 사랑의 음성으로 개유하여 아골 골짜기
로 소망의 문을 삼아 주시며(2:14-15), 우리를 순결하게 여겨 의와 공변
됨과 은총과 긍휼히 여김으로 우리에게 장가들어 영원히 사시기를 원
하시는 여호와 하나님(2:19-20)을 알되 우리가 힘써 여호와를 알자.

요엘서는 어떤 책인가?

요엘서 하면 우리는 사도행전에 나오는 오순절 사건을 기억하게 된다. 본래 요엘이란 말은 '여호와는 하나님이시다'란 뜻이다. 이것은 요엘이 자란 배경이 신앙적 환경 속에서 자랐음을 말해준다. 요엘 선지자의 출신 지방이나 그 밖의 것들은 전혀 알 길이 없다. 다만 짐작할 수 있는 것은 유다를 중심으로 활동하였다는 점이다.

그러면 요엘서의 동기는 무엇인가? 우리는 그 동기를 요엘서 자체 안에서 찾아볼 수 있다. 특별히 요엘서 1장에 보면 메뚜기의 재앙 (1:2-12)이 나온다. 이것은 장차 유다에게 임할 재앙을 경고한 것이다. 메뚜기 떼의 재앙으로 농작물이 폐허가 되고, 심한 가뭄으로 온 땅이 황폐해질 것을 말씀한 것이다. 그러나 여기서 메뚜기는 무수히 몰려올 바벨론의 군대를 예언한 것이다. 그래서 요엘은 금식을 하면서 민족적 회개를 하는 길만이 사는 길이라고 한 것이다.

금식에 관한 구절로서는 2:12~13절에 나온다. "너희는 이제라도 금식하며 울며 애통하고 마음을 다하여 내게로 돌아오라… 그는 은혜로우시며 자비로우시며 노하기를 더디 하시며 인애가 크시사 뜻을 돌이켜 재앙을 내리지 아니하시나니" 요엘서에서 가장 많이 인용되고 사랑받는 구절은 2:28~31절이다. 사도행전에 이 구절이 인용되어 있다. "그 후에 내가 내 신을 만민에게 부어 주리니 너희 자녀들이 장래 일을 말할 것이며 너희 늙은이는 꿈을 꾸며 너희 젊은이는 이상을 볼 것이

며 그때에 내가 또 내 신으로 남종과 여종에게 부어 줄 것이며 내가 이
적을 하늘과 땅에 베풀리니 곧 피와 불과 연기 기둥이라. 여호와의 크
고 두려운 날이 이르기 전에 해가 어두워지고 달이 핏빛같이 변하려니
와."

이 예언은 두 가지 면을 말씀하고 있다. 28절에서 29절까지는 오순
절 때 성령의 강림으로 성취되었으나 30절과 31절에 기록된 예언은
주님의 재림 때 이루어질 현상인 것이다. 다시 말해서 '주의 날'에 이루
어질 예언인 것이다. 따라서 이 예언은 미래에 이루어질 말씀이다.

그러면 요엘서의 교훈은 무엇인가? 그것은 여호와의 날이 가까웠으
니 회개하면 소망의 날이 되지만 그렇지 않으면 저주의 날이 될 것이
란 메시지이다. 그러나 불행하게도 유다는 듣지 않았고 그 결과 바벨
론에게 멸망되고 말았던 것이다. 여기서 우리는 중요한 교훈을 깨달아
야 한다. 첫째로 성도들은 항상 하나님의 메시지에 귀를 기울여야 한
다. 둘째로 성도들은 항상 깨어 있어야 한다. 그것은 금식하며 기도하
는 것이다. 셋째로 성도들은 환난과 역경에 처해 있을 때 하나님의 뜻
을 발견하고 순종해야 한다.

아모스서는 어떤 책인가?

과거 군사독재 하에서 사회정의를 외치던 성도들이 사랑하고 좋아했던 책이 바로 이 아모스서이다. 성경 전체에서 아모스서만큼 사회정의를 강하게 강조하는 책도 없기 때문이다. 본래 아모스는 웃시야왕과 여로보암 이세 때를 전후해서 활동한 선지자이다. 그는 뽕나무를 재배하는 목자였다고 했다. 성경에서 말하는 뽕나무는 우리나라의 뽕나무와는 다르다. 지금도 이스라엘에 가면 삭개오가 올라갔다는 뽕나무가 남아 있다. 많은 사람들이 크다는 것과 우리가 생각한 나무와 다르다는 데 우선 놀란다. 여기서 알아야 할 것은 이스라엘의 뽕나무는 무화과나무의 일종으로서 가난한 사람들이 즐겨먹는 과일 나무란 점이다.

어느 시대나 그렇지만 당시에도 정치적으로는 안정되었고, 경제적으로도 부유한 때였다. 그러나 영적으로는 정말 암흑시대였다. 도덕으로 부패한 것은 말이 아니었다. 빈부의 차이는 대단히 극심하였다. 왕은 상아로 장식한 호화로운 궁전을 가진 것 외에 계절을 즐기기 위한 여름 궁과 겨울 궁을 따로 세웠고(3:15) 또 부유한 자들은 "상아 침대에서 기지개를 켜며, 송아지를 잡아먹고 비파에 맞추어 헛된 노래를 지절거렸다(6:5). 당시 부정과 부패는 다음 구절에서도 볼 수 있다. "은을 받고 의인을 팔며, 신 한 켤레를 받고 궁핍한 자를 팔며 가난한 자의 머리에 있는 티끌을 탐내며(2:6-7)."

당시의 상업윤리도 말이 아니었다. 저울을 속이며 쭉정이를 알곡에

섞어서 팔았고, 부당 이득을 취하였던(7:3-5) 것이다. 성윤리 또한 말이 아니었다. "부자가 한 젊은 여인에게 다녀서"(2:7)라는 구절로서도 알 수가 있는 것이다. 아모스는 바로 이 풍요로운 사회, 그러나 윤리적으로는 너무도 타락한 사회를 보면서 그는 하나님의 대언자로서의 비판을 했던 것이다.

아모스서는 하나님의 성품의 또 다른 한 면을 보여준다. 즉 하나님은 호세아서에서 보여주듯이 사랑의 하나님이심과 동시에 아모스서에서 볼 수 있듯이 그는 공의로운 하나님이신 것이다. 따라서 아모스서는 하나님의 공의를 강조하고 있다.

아모스서에서 주목할 것은 7장과 8장에 나오는 환상들이다. 먼저 7장에 나오는 땅의 풀을 다 먹어버린 황충의 환상은 장차 임하게 될 전쟁을 언급한 것이다(1-3절). 같은 장 4절에서 6절에 나오는 모든 것을 삼켜버리는 불은 가뭄을 예언한 것이고, 특별히 7-11절에 나오는 다림줄은 이스라엘이 얼마만큼 하나님의 기준 밖에 벗어나 있는지를 보여준다. 다음에는 8장에 나오는 여름실과 광주리의 환상이다. 이것은 곧 있게 될 멸망을 나타낸 예언이다. 광주리에는 익어 커진 실과 광주리 같이 겉은 멀쩡하나 속이 썩은 이스라엘을 보여준다. 범죄한 나라는 심판을 향하여 무르익고 있다는 것을 말해 준다. 우리는 이 아모스서를 읽으면서 오늘의 우리 사회가 상하지 않은 곳이 없을 정도로 만신창이가 된 모습과 비교해 보면서 이 나라가 사는 길은 니느웨 성의 백성들이 왕으로부터 시작해서 온 백성이 베옷을 입고, 재를 뿌리면서 옷을 찢고 회개한 것처럼 우리도 회개의 운동을 일으키는 길만이 살 길이란 것을 깨달아야 할 것이다.

오바댜서는 어떤 책인가?

많은 교인들은 성경에 오바댜서가 있는지 없는지조차 모른다. 그 이유는 21절밖에 안 되는 짧은 책인데다가 신약에 인용되지 않고, 목회자들도 오바댜서를 가지고 설교를 하는 경우가 거의 없기 때문이다. 그러나 이 책이 중요한 것은 그 내용이 마치 에돔 족속에 대한 심판처럼 보이나 담겨진 의미는 심오하기 때문이다. 하나님의 백성인 유다에 대한 에돔의 교만과 악한 행동에 대한 하나님의 심판이 전우주적인 것으로 확대되고 있기 때문이다. 여호와의 만국을 벌할 날이 가까웠으니 너의 행한 대로 너도 받을 것인즉 너의 행한 것이 네 머리로 돌아갈 것이라(15절).

본래 오바댜란 말은 여호와의 종, 혹은 여호와께 예배하는 자란 뜻이다. 구약에 보면 오바댜란 이름을 가진 사람이 12명이나 된다. 그 중 본서의 오바댜 선지자가 누구인지는 알 수도 없고, 또 이 선지자에 대한 혈통이나 신분에 대해서도 전혀 언급이 되어 있지 않아 알 수가 없다. 추측되기는 오바댜는 남왕국 유다에 살았던 것으로 보이며 그에 대한 언급이 없는 것으로 미루어 왕족이나 제사장 계급에 속한 사람은 아니었던 것으로 보인다. 기록된 시기는 여호람이 유다를 통치하던 주전 848-841년 중 블레셋과 아라비아가 예루살렘을 침공했던 시기(대하 21: 16-17)라고 생각된다.

우리가 이 오바댜서를 바로 이해하려면 에돔과 유다와의 관계를 이해하는 것이 필요하다. 에돔족의 시조는 에서(창36: 1, 8-9)로부터 시작된다. 에서는 이삭의 아들로서 동생 야곱과 쌍둥이 형제였다. 그가 어머니 태 안에 있을 때 형이 아우를 섬기리라는 예언이 있었다. 그는 장자의 직분이 얼마나 소중한가를 깨닫지 못하고, 팥죽 한 그릇에 동생에게 팔아넘겼다. 당시의 장자는 크게 두 가지의 권리를 가졌다. 첫째는 물권으로서 아버지의 재산을 동생의 배나 받았고, 둘째는 영권으로서 그 가정의 제사장적 축복권을 가졌던 것이다. 이것은 에서가 영적 가치에 대한 무감각 내지는 "망령된 자"(히12:16)임을 말해주는 것이었다.

에서는 산지인 세일에서 살았다. 세일 산은 에돔과 동의어로 자주 사용되고 있다. 그런데 당시 상인들이 다니는 큰 길인 왕도(King's Highway)는 에돔 땅을 지나 북쪽으로 뻗어 있었다. 모세는 이스라엘 백성들을 이 길로 인도하려고 했으나 거절당했다. 이것으로 인해 에돔과 이스라엘의 반목은 계속되었고, 가나안 정착 후에도 있었다. 그래서 선지자들은 에돔에 대해 많은 비판을 하였고 오바댜서의 말씀대로 그 심판은 나타나서 오늘날 에돔은 돌무더기(히브리어로 페트라)로만 남아 있을 뿐이다.

그러면 오바댜서의 내용은 무엇인가? 크게 세 가지로 나누어진다. 1-9절까지는 에돔의 멸망을 예언하고 있고, 10-14절까지는 멸망의 원인을 기록하고 있고, 15-21절까지는 여호와의 날을 예언하고 있다. 오바댜서의 핵심을 한마디로 말하면 에돔에 대한 하나님의 심판과 이스라엘의 회복을 예언한 말씀이다. 그러나 우리는 이 예언을 과거의 예언으로만 생각해서는 안 된다. 지금도 하나님은 에돔처럼 교만한 자와 교만한 나라를 심판하시고, 남은 자로 하여금 땅을 차지하게 하신다. 이것은 하나님의 영원한 언약이며 약속인 것이다. 특별히 19-21절의 말씀은 그 내용을 요약하고 있다. "사로잡혔던 이스라엘의 뭇 자손은 가나안 사람에게 속한 땅을… 얻을 것이며" "구원자들이 시온산에 올라와서 에서의 산을 심판하리니 나라가 여호와께 속하리라." 그런 점에서 오바댜서는 오늘날도 우리들에게 하나님의 뜻을 생생하게 전하여 준다.

요나서는 어떤 책인가?

요나서는 모르는 교인들이 없을 만큼 너무 잘 알려진 책이다. 이유는 요나라는 선지자가 물고기 뱃속에 들어가 사흘 동안 있었다는 재미있는(?) 내용 때문이다. 그래서 유년주일학교 학생들로부터 시작해서 노인들에 이르기까지 다 알고 있다. 그러나 요나서는 그렇게 간단한 책이 아니다. 요나서를 펼치면 먼저 하나님께서 요나에게 명령한 것이 나온다. "너는 일어나 저 큰 성읍 니느웨로 가서 그것을 쳐서 외치라. 그 악독이 내 앞에 상달하였음이니라"(욘1:2).

그런데 이상한 것은 요나가 하나님의 명령대로 가지 않고, 다시스로 도망을 간 일이다. 이것은 요나의 고집스러운 민족주의적 열정 때문이라는 것을 우리가 이해해야 그의 행동을 이해할 수 있다. 생각해 보라. 원수의 나라가 회개하여 하나님의 심판을 피하게 된다면 그것은 유대인들에게는 기쁜 일이 못되는 것이다. 그들은 이 원수의 나라인 니느웨(앗수르의 수도)가 망하는 꼴을 그들의 눈으로 보고 싶었던 것이다. 이것을 위해서 그들이 얼마나 기도를 했던가? 이것은 선지자인 요나도 마찬가지였다. 그런데 하나님께서 그들을 위해 회개를 외치라고 했으니 요나의 심정이 오죽했겠는가? 그래서 그는 다시스로 도망을 갔던 것이다.

그러면 하나님은 요나를 어떻게 하셨는가? 네 가지 자연을 이용한 실제상황을 통해서 요나를 가르치시고, 순종케 하셨던 것이다. 첫째는 큰 물고기다. 우리는 이것이 고래가 아닌가하고 결론 내려야 할 필요는 없다. 왜냐하면 하나님께서는 필요하다면 지금 이 세상에 존재하지 않는 어떤 물고기를 만들어서라도 그의 뜻을 이룰 수 있기 때문이다. 그리고 4장에 나타난 박 넝쿨과 벌레와 뜨거운 동풍이다.

재미있는 사실은 요나는 큰 물고기의 뱃속에 들어갔다가 나온 후에 니느웨가 회개하지 않으면 40일 후에 망한다는 메시지를 선포하였으나 정작 니느웨가 회개하는 것을 보고는 괴로워했다는 점이다. 니느웨가 하나님의 말씀에 순종했으니 기뻐한 것이 아니라 원수의 나라가 회개하는 것을 보면서 성읍 동편 조그마한 산등성 위에서 하나님께서 마련해주신 박 넝쿨 그늘에 앉아 하나님께서 어떻게 하실 것인가를 시무룩하게 보고 있었던 것이다(4:6). 그런데 이튿날 새벽에 하나님께서는 벌레를 통해 박 넝쿨을 씹게 하셔서 시들게 만든 것이다(4:7). 해가 뜨자 요나는 뜨거운 동풍으로 인해 박 넝쿨이 시들어 버리고 해가 머리 위에 내리 쪼이자 죽기를 간구했다고 하였다(4:8). 여기서 하나님은 박 넝쿨과 니느웨를 비교하면서 11절에서 이렇게 장식하신다. "하물며 이 큰 성읍 니느웨에는 좌우를 분변치 못하는 자가 십이만여 명이요 육축도 많이 있나니 내가 아끼는 것이 어찌 합당치 아니하냐."

우리는 이 요나서에서 하나님은 이방인에게도 관심을 가지고 계신다는 것과 어려움을 당할 때 인간은 책임을 회피하려고 하는 경향이 있다는 것을 교훈으로 배울 수 있다. 또 하나님은 자연까지 이용하시는 전능하신 분이시며 죄를 심판하시지만, 그러나 또 한편으로는 자비와 긍휼을 베푸시는 분이라는 것도 배울 수 있다. 무엇보다도 가장 가망이 없다고 생각되는 선교지에서 오히려 종종 큰 열매를 거둔다는 진리를 본다. 이런 점에서 요나서를 구약 중에서 가장 선교적인 책으로 생각하는 것이다.

미가서는 어떤 책인가?

미가서 하면 우리는 제일 먼저 미국의 카터 대통령이 손을 얹고 기도한 책을 연상할 만큼 잘 알려진 유명한 책이다. 그것이 바로 미가서 6장 8절의 말씀이다. "사람아, 주께서 선한 것이 무엇임을 네게 보이셨나니 여호와께서 네게 구하시는 것이 오직 공의를 행하며 인자를 사랑하며 겸손히 네 하나님과 함께 행하시는 것이 아니냐." 여기서 하나님은 그가 원하는 것이 세 가지라고 지적하였다. 첫째는 공의다. 이것은 아모스서의 핵심 메시지이다. 둘째로 인자, 즉 사랑이라고 하였는데 이것은 호세아서의 핵심 메시지이다. 셋째는 겸손이라고 하였는데 이것은 이사야서의 핵심 메시지이다. 따라서 미가서는 이 세 권의 예언서의 핵심을 종합하였다고 볼 수 있다.

미가서의 내용은 크게 세 가지로 구분된다. 첫째로 1~3장은 심판에 대한 경고이다. 놀라운 것은 각 부분마다 "너희는 여호와의 말씀을 들을지어다"라는 구절로 시작되고 있고 매 부분마다 약속으로 끝을 맺고 있다는 점이다(1:2; 3:1; 6:1). 둘째로 4~5장은 회복에 대한 예언이고, 셋째로 6~7장은 회개에 대한 촉구로 되어 있다. 본래 미가는 시골의 전도자로서 자기의 동족들에 대하여 잘 알고 있는 사람이었다. 그래서 미가서에 보면 "오직 나는 여호와의 신으로 말미암아 권능과 공의와 재능으로 채움을 얻고 야곱의 허물과 이스라엘의 죄를 그들에게 보이리라"(3:8)고 기록하고 있다. 미가는 그 시대의 사회적인 죄를 지적하고 있다(2:2). 당시의 상황은 가난한 자가 부유한 자에 의해서 받는 서러움과 불공평한 처사도 보았던 것이다. 또 종교는 하나의 의식에만 그쳤고, 경건의 생명을 잃었던 것이다.

미가가 지적하고 있는 국가적인 죄의 목록을 보면 크게 열 가지로 나눌 수 있다. 우상숭배, 탐욕, 압박, 강포, 거짓 선지자에 대한 말씀, 치리자들의 부패, 선지자들의 부패, 제사장들의 부패, 뇌물, 부정직 등이었다. 미가서에는 그리스도에 대한 말씀도 나온다. 5장 2절에는 베들레헴에서 출생할 것을 말씀하고 있고, 2장 12~13절에는 왕이신 그리스도에 대하여 놀라운 것은 남은 자에 대한 언급이다. 이것은 이사야서에 강조되고 있으나 미가서에도 나온다. 남은 자란 말은 하나님께서 그 자신을 위하여 항상 보존하시는 백성의 일부를 말한다.(2:125 4:7: 5:3, 7,8: 7:18).

그러면 미가서의 핵심 메시지는 무엇인가? 미가는 하나님의 심판을 선포한다. 그리고 그 심판은 죄 때문이며 이 죄는 우상숭배에서 살인에 이르기까지 다양한 형태로 나타난다고 하였다. 그러나 하나님께서는 희생제물을 원치 않으시며, 오직 공의, 사랑, 겸손을 원하신다고 하였다(6:8). 왜냐하면 제사 자체가 가치 있는 것이 아니라 예배자의 자세와 행동에 가치가 있기 때문이다. 미가서에서는 하나님은 자기의 언약에 충실하시기 때문에 반드시 그 언약을 이루신다는 점이 강조되고 있다(7:20).

나훔서는 어떤 책인가?

본래 나훔이란 말은 위로, 구원이란 뜻을 가지고 있다. 그는 히스기야 왕 때에 예언을 한 선지자로서 니느웨가 멸망하기 직전에 임박한 하나님의 심판을 예언하였다. 당시 대 강국인 앗수르가 이스라엘을 침범하여 열 지파 사람들을 포로로 잡아갔을 때 나훔은 탈출하여 유다로 갔던 것이다. 나훔서의 메시지 중 중요한 것은 1장 2절의 말씀이다. "여호와는 투기하시며, 보복하시는 하나님이시라." 여기서 투기란 말은 대적들에 대해 가지는 하나님의 강렬한 질투의 감정을 표현한 것이다.

나훔 선지자는 앗수르의 죄 중에서 두 가지를 지적하였다. 첫째는 군사력을 무자비하게 사용하였다는 점이다. 그 결과 피가 강물처럼 흘렀고, 많은 민족이 죽임을 당했던 것이다. 둘째는 비양심적인 교역을 지적한다. 주변 국가들은 아부와 부패로 정복민들의 사치와 악을 만족시켜주었으며, 상인들은 온갖 종류의 우상과 세공품을 팔았다. 그들에게 있어서 정직과 도덕은 사라져버리고 없었다. 오직 쾌락과 향락뿐이었다(3:1-2).

그러면 나훔서의 중요성은 무엇인가? 그는 니느웨는 망할 것이라는 메시지만을 반복하였다. 그는 개인이나 국가가 의로 돌아설 것을 언급하지 않고, 종교 절기들을 지킬 것을 호소하였다. 요나서와 다른 것은 하나님의 자비와 긍휼에 대해 전혀 언급하고 있지 않다는 점이다. 그의 예언에는 윤리성이 빈약하다는 비판을 받기도 한다. 너무 폭이 좁고 국수주의적이란 오해도 받는다.

그러면 왜 나훔은 자기 민족의 죄나 영적, 도덕적 문제에 대해 관심을 갖지 않고, 니느웨의 심판에만 집중하였는가? 아마도 당시 이스라엘은 요시야의 개혁이 상당히 성공을 거두고 있었던 것 같다. 그래서 그는 니느웨의 멸망만을 외치며 하나님의 공의만을 선포하였던 것으로 보인다. 다시 말하면 하나님은 심판자가 되신다는 말이다. 1장에 기록된 하나님의 묘사만 보아도 하나님은 투기하시고, 보복하시고, 진노하시고, 맹렬히 노하시고, 권능이 크시고, 악인을 결코 사하지 아니하시고, 분노하시는 분으로 말씀하고 있다.

요나서와 다른 성격을 가진 것은 150년이란 세월의 간격과 많은 시대적 차이점 때문이란 것을 우리는 이해할 필요가 있다. 나훔서의 기록목적은 하나님은 모든 민족의 주가 되신다는 것과 불의한 국가와 백성은 반드시 패망에 이르게 된다는 것을 보여주기 위해서이다. 나훔서의 특징은 문장이나 문체에 회화성이 있고, 하나님의 속성이 아주 명료하게 나타나 있는 것이다. 나훔서의 내용은 크게 세 가지로 되어 있다. 1장은 니느웨의 멸망의 선포, 2장은 멸망의 참상, 3장은 멸망의 필연성을 기록하고 있다.

하박국서는 어떤 책인가?

하박국 선지자는 요시아 왕의 말기에 활동했던 사람(주전 605년경)으로 추측된다. 필자는 구약의 많은 말씀 중에서 이 책을 특별히 좋아한다. 그 이유는 두 가지 사연이 있기 때문이다. 첫째로는 왜 하나님께서 불의한 자를 그냥 두시는지 고민하고 있었을 때 이 책을 통해 해답을 얻었기 때문이고, 둘째는 참된 감사가 무엇인지를 깨닫게 해주었기 때문이다. 특별히 3장 17-18절은 너무도 유명한 말씀이다. "비록 무화과나무가 무성치 못하며 포도나무에 열매가 없으며 감람나무에 소출이 없으며 밭에 식물이 없으며 우리에 양이 없으며 외양간에 소가 없을지라도 나는 여호와를 인하여 즐거워하며 나의 구원의 하나님을 인하여 기뻐하리로다."

그 내용은 간단하지만 얼마나 멋진 감사인가? 비록 없을지라도, 여호와를 인하여 감사하고 즐거워한다는 말이다. 우리는 무엇이 있어야 감사하고, 없을 때에는 불평한다. 그러나 참 성도는 비록 없을지라도 하나님 한 분 만으로 감사하고 즐거워할 수 있어야 하는 것이다. 이런 점에 나는 감사를 상실하고, 입에 불평이 나올 때 이 구절을 읽으면서 회개한다.

그러면 이제 하박국서의 내용을 살펴보자. 위에서도 언급했듯이 하박국서는 불의하고, 비도덕적인 세력이 세계를 통치하고 지배하는 것을 본 의인의 고뇌인 것이다. 그 내용을 보면 1:2-4절에서 하박국 선지자는 왜 하나님께서는 부르짖어도 듣지 않으시고, 강포를 인하여 외쳐도 응답치 않으시는지를 묻고 있다. "여호와여 내가 부르짖어도 주께서 듣지 아니하시니 어느 때까지리이까?" 사실 우리가 뜻이 있는 사람이라면 주변을 보면서 불의가 판을 치고 있는 것을 하박국처럼 애통하지 않을 수 없는 것이다. 이것이 바로 의인인 욥의 부르짖음이 아니었던가?

이에 대해 하박국은 1:5-11절에서 응답을 받는다. "너희 생전에 내가 한 일을 행할 것이라. 혹이 너희에게 고할지라도 너희가 믿지 아니하리라." 하나님은 그의 백성들에 대해 절대로 무관심하지 않음을 말씀하신 것이다. 하나님은 하박국 선지자에게 현재만 보지 말고 먼 미래를 볼 것을 말씀하셨다. 6절에서 "보라 내가 사납고 성급한 백성 곧 땅의 넓은 곳으로 다니며 자기의 소유 아닌 거할 곳들을 점령하는 갈대아 사람을 일으켰나니"라고 구체적인 답을 주신다.

그러나 하박국의 질문은 여기서 끝나지 않는다. 1:12-2:1절에서 그는 또 다른 질문을 한다. 하나님, 왜 하나님께서는 악한 자를 사용하십니까? 그 대답이 저 유명한 2:2-4절에 나온다. "갈대아인들이 잠시 영화를 누리는 것 같으나 곧 그들은 멸망의 운명에 처하게 될 것이다"라고 하시면서 "의인은 믿음으로 살리라"고 하셨다. 훗날 이 구절이 로마서의 핵심인 1장 17절과 갈라디아서 3장 11절에서 인용되고, 마르틴 루터는 이 구절을 가지고 그의 종교개혁을 이룩한다. 2장에 보면 불의 (침략, 탐심, 광포, 잔인, 우상숭배)에 대한 다섯 가지의 저주가 나오고, 3장에서는 믿음으로 인한 승리가 나온다. 오늘의 우리들에게 큰 위로와 교훈을 주는 책이다.

스바냐서는 어떤 책인가?

스바냐서는 요시아 왕 때 활동하였던 스바냐 선지자의 예언의 말씀이다. 스바냐란 말은 '여호와가 그를 감추셨다'는 뜻이다. 그는 왕족 출신(1:1)이었다. 그가 당시 지도자들을 혹독하게 책망한 것을 보면 상당한 지위에 있었던 것을 추측할 수 있다. 스바냐서는 단호한 어법으로 되어 있으며 생동감이 넘치는 언어로 구사되어 있다.

스바냐서의 중심 메시지는 '여호와의 날'이다. 여호와의 날에는 모든 사람 위에 하나님의 진노가 임한다고 하였다(1:2-3). 이 심판에는 유다에 있는 악한 자들은 물론 이방인들까지 포함된다. 따라서 이 날은 희생의 날(2:8)이요, 진노의 날, 고통의 날, 황무와 파괴의 날, 캄캄한 어두움의 날, 구름과 흑암의 날(2:14)이라고 하였다. 왜 하나님은 이들을 심판하시는가? 근본적인 이유를 거짓된 예배라고 하였다. 하나님을 무시하고, 그의 존재를 인정치 않는 것을 스바냐는 지적한다. 심지어 하나님의 백성들이 예루살렘에서 이방신을 섬기고, 하나님을 저버렸던 것이다. 그들은 말하기를 하나님은 복도 내리시지 않고 화도 내리시지 않는다고 불신했던 것이다(1:12). 당시 유다의 지도자들은 부패와 악정과 거짓을 거듭 자행하고 있었다(3:1-8). 어쩌면 오늘의 우리 한국과 너무도 흡사한 것을 우리들은 보게 된다. 그러나 이 스바냐서의 더 중요한 강조점은 회개의 권면에 있다. 왜냐하면 하나님은 심판보다는 구원을 원하시기 때문이다.

스바냐서의 내용을 좀 더 세부적으로 살펴보면 1장에서는 심판에 대한 경고가 나오고, 2장에서는 회개의 권면이 나온다. 그리고 3장에서는 구원의 약속이 나온다.

1장에 나오는 책망의 대상자들은 첫째는 우상숭배자들이요(4-5절), 둘째는 몰렉에게 맹세하는 자들이요(5절), 셋째는 주님께 등을 돌리는 자들이라고 하였다(6절).

2장에는 회개를 권면하면서 구체적으로 "너희는 여호와를 찾으며, 공의와 겸손을 구하라"(3절)고 경고한다. 그리고 난 후에 스바냐는 다섯 나라들을 지적한다. 즉 블레셋, 모압, 암몬, 에디오피아, 앗수르를 향하여 교만과 주의 백성들을 괴롭히는 못된 행습을 경고한다. 이 예언은 느부갓네살의 정복과 함께 성취된 것을 우리는 역사를 통해서 알고 있다. 놀라운 것은 스바냐는 당시의 예배장소에 대해 이견을 가지고 있었다. 유대인들은 예루살렘이라고 하였고, 사마리아인들은 그리심산이라고 하였지만 스바냐는 어느 한정된 곳이 아니라 하나님이 계신 곳이면 어디서나 드릴 수 있다고 말하고 있다.

3장에서는 구원의 약속, 즉 이스라엘의 회복을 언급하고 있다(3:15, 17절). 특별히 17절에서는 하나님께서 저들 가운데 계시며 구원을 베푸실 것을 약속한다. "너희 하나님 여호와가 너의 가운데 계시니 그는 구원을 베푸실 전능자시라. 그가 너로 인하여 기쁨을 이기지 못하여 하시며, 너를 잠잠히 사랑하시며 너로 인하여 즐거이 부르며 기뻐하시리라 하리라."

학개서는 어떤 책인가?

학개란 말의 뜻은 '축제'란 뜻이다. 구약의 선지자들을 역사적으로 분류할 때에는 흔히 포로 전과 후로 나누는데 학개는 포로 후의 선지자들 중에 가장 먼저 활동한 사람이다. 학개 선지자의 개인에 대해서는 그가 고레스왕의 칙령에 따라 귀환했다는 것과 성전에서 봉사하던 사람 중에 하나였다는 것을 알 수 있을 뿐 나머지에 대해서는 거의 알려져 있지 않다. 칠십인역에서는 시편 137편과 144-148편들이 학개와 스가랴가 지은 시들이라고 언급하고 있다.

학개서는 구약의 예언서 중에서 오바댜서 다음으로 분량이 적은 책이지만, 그러나 그 교훈은 대단히 중요하다. 학개서는 말라기서와 마찬가지로 핵심이 되는 주제를 다양한 질문의 형식으로 표현하고 있다. 반복되는 구절은 "소위를 살펴볼지니라. 추억하라"는 말과 "내가 너희와 함께 하노라"는 말이 반복되고 있다. 특별히 여호수아서 1장에 나오는 말씀을 연상케 하는 "스스로 굳세게 할지어다"라는 말이 세 번이나 나온다.

그러면 학개서의 중요한 메시지는 무엇인가? 이것을 알기 위해서는 당시 유다가 당면했던 문제를 아는 것이 중요하다. 고레스의 칙령으로 바벨론 포로에서 돌아온 선민들에게는 첫째가 느부갓네살에 의해 훼파된 성전을 재건하는 문제가 있었다. 따라서 학개서에서는 성전재건의 촉구가 나온다. 그러나 당시 선민들은 예루살렘으로 돌아와 성전재건을 시작하였으나 그 열의가 곧 식어지고, 재건의 역사는 기초를 마련한 것밖에는 별로 진전이 없었다. 게다가 사마리아 사람들과 주위의 적국들은 예루살렘을 절대로 복구해서는 안 된다고 방해를 하였다. 그래서 공사는 15년 동안이나 방치되었던 것이다. 바로 이런 때에 학개는 하나님의 소명을 받아 예언을 시작했던 것이다.

요즈음에도 성전을 지을 때 성경 중에서 학개서를 가장 많이 인용하고 있으며 설교되고 있는 것은 바로 당시의 상황이 오늘날의 문제와도 통하는 것이 있기 때문이다. 학개는 불순종의 결과(1:6,11: 2:16-17절)와 순종의 결과(2:7-9, 19)를 대조하면서 강조하고 있다. 학개서 전체의 내용을 보면 성전 재건의 촉구와 새 성전에 임할 영광이 1:1-2:9절까지 나오고, 2:10절 이하에서는 하나님의 축복을 기록하고 있다.

끝으로 학개서의 기본 주제를 보면 크게 세 가지로 볼 수 있다. 첫째로 하나님은 온 우주의 통치자가 되신다. 그러므로 세상의 악한 권세가 방해를 하고 핍박해도 성도들은 하나님만 의지하고 두려워해야 한다. 둘째로 하나님의 자녀의 태도를 가르쳐준다. 하나님의 선민은 눈에 보이는 헛된 영광과 이 땅에서의 승리보다는 하나님의 영광과 영원한 영광을 위해서 살아야 할 것을 가르쳐주고 있다. 셋째로 우선순위에 대해서 언급하고 있다. 우리 성도들은 무슨 일을 할 때에 먼저 하나님과 그의 사역에 우선순위를 두어야 한다. 그래서 어떤 어려움이 닥쳐와도 그리스도를 중심에 모시고 살지 않으면 안 되는 것이다.

스가랴서는 어떤 책인가?

스가랴서의 저자인 스가랴란 이름은 '여호와께서 기억하신다'는 뜻이다. 그는 본래 제사장 가문의 선지자로서 학개와 함께 포로시대 후에 활동한 사람이다. 수신자들은 당시 성전 재건을 중단한 채 실의에 빠져 있는 이스라엘 백성들이다. 따라서 성전재건을 촉구하는 내용을 다루고 있는데 스가랴서의 특징은 주로 환상적인 표현이 많다는 점이다.

특별히 여덟 가지의 메시아 왕국에 대한 환상(1:7-6:8)을 볼 수 있다. 환상이 나타난 시기에 대하여는 다리오 왕 이년 십일월이라고 하였다(1:7).

첫 번째 환상인 말과 기수가 1:8-17절에 나온다. 여기에 나오는 홍마는 전쟁과 심판을, 백마는 승리를 상징하고, 자마는 위의 두 색을 혼합한 것으로 하나님께서는 교회의 유익을 위해 이들을 사용할 것을 상징하고 있다.

두 번째 환상은 네 뿔과 네 공장(대장장이)에 대한 환상으로서(1:18-21) 이스라엘의 현재 상태가 원수들에게 포위되어 있음을 상징한다. 여기서 뿔은 권력을 말한다.

세 번째 환상(2:1-13)은 척량하는 자와 귀환하는 이스라엘의 풍요와 약속을 보여준다.

네 번째 환상은 대제사장인 여호수아에 대한 환상(3:1-10)이다. 이것은 사탄은 하나님의 택한 백성들에게 죄만 생각나게 하여(3:3) 낙

담하게 하지만 하나님의 백성(여호수아로 대표함)은 하나님 앞에 있다
는 것을 가르쳐 준다.

다섯 번째 환상은 순금등대와 좌우에 있는 두 감람나무에 대한 환상
(4:1-14)이다. 여기서 일곱 등잔은 교회를, 순금등대는 그리스도
를 상징하고, 두 감람나무는 스룹바벨과 여호수아를 상징하나
궁극적으로는 왕이시요 대제사장이신 그리스도를 의미한다.

여섯 번째 환상(5:1-4)은 날아가는 두루마리 환상이다. 이 환상은 율
법을 깨뜨린 자들이 그 율법에 의해 심판받게 될 것을 보여준
다.

일곱 번째 환상(5: 5-11)은 에바 속에 있는 여인의 환상이다. 여기서
에바는 죄악을 측정하는 도구를 말한다.

여덟 번째는 네 병거에 대한 환상(6:1-8)이다. 이 환상은 첫 번째 환
상과 유사하다. 차이점이 있다면 첫 번째 환상이 하나님 나라의
시작을 의미한다면, 여덟 번째 환상은 그 완성을 의미한다는 점
이다.

9-14장에는 메시아와 그의 왕국에 대해 예언하고 있다. 그 내용을
요약하면 메시아께서는 그의 영광과 능력 가운데 모든 적들을 발아래
굴복케 하실 것이며 예루살렘에 그의 왕국을 건설하여 다윗의 보좌위
에 앉으신다는 것이다. "그의 정권은 바다에서 바다까지 이르고, 유브
라데강에서 땅 끝까지 이르리라"(9:10)고 선포한다. 따라서 스가랴서는
그리스도는 온 세상의 왕이 되시며 모든 백성은 여호와 앞에서 거룩하
게 될 것(14: 9-20)이라는 말씀으로 예언을 끝내고 있다.

말라기서는 어떤 책인가?

구약의 마지막 책인 말라기서는 포로 후에 쓰인 예언서이다. 말라기란 말의 뜻은 '나의 사자'란 말이다. 기록된 연대는 성벽 재건을 마친 총독 느헤미야가 바사 왕국으로 소환된 이후인 주전 430년경으로 추산된다. 그런데 중요한 것은 말라기 이후부터 세례 요한 때까지 예언의 시대는 중지되었다는 사실이다. 물론 역사를 보면 전혀 예언자들이 없었던 것은 아니나 서기관들과 제사장들의 율법주의적인 사상의 대두로 예언자들의 소리는 지하에서만 있었기 때문에 기록으로 남아 있는 것은 없다.

말라기서의 특징은 다른 예언자들과 다른 점이 있는데 그것은 예배 의식의 형식적인 측면을 강조한 점이다. 내용은 크게 두 부분으로 되어 있다. 첫째로 3장 15절까지의 제1부는 이스라엘의 특권과 타락에 대한 책망이 있고, 둘째로 16절에서 마지막까지의 제2부에는 이스라엘을 향한 하나님의 약속이 나온다. 한 가지 퍽 유감스러운 것은 말라기 하면 십일조에 대한 것만 생각하는 사람들이 많은데 십일조에 대한 기록은 3장 8절 10절에 나온다. "사람이 어찌 하나님의 것을 도적질하겠느냐 그러나 너희는 나의 것을 도적질하고도 말하기를 우리가 어떻게 주의 것을 도적질하였나이까 하도다. 이는 곧 십일조와 헌물이라 너희 곧 온 나라가 나의 것을 도적질하였으므로 너희가 저주를 받았느니라. 만군의 여호와가 이르노라 너희의 온전한 십일조를 창고에 들여 나의 집에 양식이 있게 하고 그것으로 나를 시험하여 내가 하늘 문을 열고 너희에게 복을 쌓을 곳이 없도록 붓지 아니하나 보라."

내용을 좀 더 구체적으로 살펴보면 1장 2절에는 이스라엘에 대한 하나님의 사랑이 분명하게 기록되고 있다. 따라서 말라기서에 나오는 책망의 내용은 하나님의 사랑의 표현인 것이다. 책망은 크게 두 가지로 나온다. 먼저 제사장들의 죄악에 대한 책망이 나온다. 이들은 하나님의 이름을 업신여겼고(1:6), 형식적인 예배를 드렸고(1:7), 하나님과의 언약을 파기하고 있다고 하였다. 두 번째 책망은 백성들의 범죄에 대한 책망이다. 무엇보다도 이들은 이방인들과 결혼하였고(2:10-11), 이혼을 함부로 할 뿐 아니라(2:13-16), 하나님의 뜻을 깨닫지 못하고 있다고 하면서 십일조를 하나님께 바치지 않으므로 결과적으로 하나님의 것을 도적질하고 있다고 책망하였다.

그러나 후반부를 보면 이스라엘을 향한 하나님의 약속이 나온다. 하나님은 그를 경외하는 자들의 이름을 하나님의 앞에 있는 기념책에 기록하신다고 하였다. 끝으로 주의 날이 도래하게 되는데 이 날은 악인들에게는 심판의 날이 되고, 의인에게는 평화와 기쁨의 날이 된다고 하였다. 무엇보다도 4장 5절에 나오는 세례요한에 대한(엘리야라고 언급) 주님이 인용한 중요한 구절이다.

필자가 말라기서에서 제일 좋아하는 구절은 4장 2절이다. "내 이름을 경외하는 너희에게는 의로운 해가 떠올라서 치료하는 광선을 발하리니 너희가 나가서 외양간에서 나온 송아지같이 뛰리라."

사도신경 강해

사도신경 강해(1) (롬10:9-10)-(1)

한국교회의 특징은 교리에 대한 무시라고 할 수 있다. 과거에는 교리를 너무 중시해서 교단이 분리되기도 하였으나 지금은 장로교나 감리교나 성결교나 순복음교회나 서로 다를 것이 없게 되었다.

우리는 주일 아침마다 사도신경을 고백한다. 이것은 이단인가 아닌가를 구별하는 표준이기도 하다. 사도신경은 12가지의 고백으로 되어 있다. 전설에 의하면 12사도가 한 마디씩 고백한 것이 바로 사도신경이라고 하지만, 그러나 역사적 근거는 전혀 없다.

지금 고백 가운데 사도시경, 니케아 신조, 아다나시우스 신앙고백, 웨스트민스트 신앙고백 등이 있지만 기독교의 모든 교단이 다 받아들이는 것은 바로 사도신경이다. 우리 교단에서는 웨스트민스터 신앙고백을 채택하고 있는데 이것은 1946년에 영국의 웨스트민스트 교회당에서 영국의 신학자들과 국회의원들이 모여서 채택한 것이다.

그러면 이 사도신경은 어떻게 해서 생긴 것인가? 한마디로 그 기원이 신비하다. 구체적으로 어떻게 생겼는지 알 수 없다. 그러나 분명한 것은 세례문답에서 사용하기 위하여, 또 기독교의 교리를 요약하여 가르치기 위해서 생겨졌다는 것이다. 아마도 이단을 막고 기독교의 교리를 가르치기 위해서 자연스럽게 생긴 것으로 보인다.

성경에도 보면 여러 가지의 고백이 나온다(행8:36-; 롬10:9; 고전12:3; 벧전3:18-). 말하자면 이 사도신경은 꿀벌들이 온갖 아름다운 꽃들로부터 꿀을 모으듯이 성경에서 오묘한 가르침들을 요약한 것이다. 지금 우리가 고백하고 있는 사도신경은 724년에 공인된 문서에 기록된 것과 똑같다. 다만 '사흘 만에 죽은 자 가운데서 다시 살아나시며'란 말 앞에 '지옥(음부)에 내려가셨다"는 말이 더 들어가 있다.

아무튼 우리에게는 이 사도신경이 첫째는 세례의 표준으로, 둘째는 교육의 표준으로, 셋째는 이단을 구별하는 표준으로 꼭 필요하다. 그러나 문제는 일반성도들에게는 너무 어렵다는 점이다.

1. "전능하사 천지를 만드신 하나님 아버지를 믿사오며." 원문에는(크래도)라는 말에서 시작하고 있다. 영어로(I believe)란 말이다. 바로 이것이 중요하다. 사도신경은 신앙고백이지 교리를 집대성한 것이 아니다.

내가 믿습니다 라는 말 다음에 나오는 것이 그 내용이다.

첫째는 하나님을 믿는다는 말이다. 최근에 인간들은 인공위성을 쏘아 올리고, 의학과 최첨단 과학이 발달하면서 하나님 없이도 모든 것을 할 수 있다고 자신하고 있지만 이것은 어린애가 바다의 물을 조개껍질에 담으면서 '아, 내가 바닷물을 다 담았다'고 말하는 것처럼 웃기는 얘기에 불과하다.

카이스트에 계신 김영길 박사는 이 우주에 있는 모든 생물체는 아미노산으로 되어 있는데 이 아미노산이 단백질을 구성하기 위하여 우연히 합쳐질 확률은 10의 130승 분의 1이라고 한다. 또 이것이 가장 작은 아메바가 되는 확률은 10의 167만 6,260승 분의 1이라고 하였다. 그러므로 진화론을 증명하는 것은 불가능 하다고 하였다.

여러분 과학책에 나오는 최초의 원시인이라고 하는 자바인이나 북경인이나 네안데르탈인이라는 것이 실제 있었다고 생각하면 큰 잘못이다. 사실은 송곳니 두 개를 발견해서 그것으로 사람을 형성시켜 본 것에 불과하다. 그래 가지고는 진화론이라는 가설을 내세우고 있는 것이니다.

그래서 미국 캘리포니아에서는 진화론뿐 아니라 창조론도 함께 가르치도록 헌법에 넣었다. 우리나라에서도 창조과학회가 생겨서 우리도 생물학 교과서에 창조론을 넣자고 했는데 그 과정에 그만 아무 이유 없이 빠지고 말았다.

한번 창조에 관한 성경을 찾바 보면 창1:1,31; 히11:3;바로 이 말씀에 기초해서 우리는 사도신경의 앞부분에서 전능하사 천지를 만드신 하나님 아버지를 믿사오며 라고 고백하는 것이다. 여기서 중요한 것은 하나님이 창조했다는 말이지 낳았다는 말이 아니다. 성경 외에 신화에 보면 거의가 낳았다는 식으로 말한다. 낳았다고 할 때 이것은 낳은 자나 낳음을 받은 자가 질적으로 같다는 뜻이기 때문에 성경에서 하나님이 세상을 낳은 것이 아니라 창조했다는 말이 중요한 것이다.

또 여기서 놀라운 것은 하나님의 창조사역과 인간의 건축 활동이 동일한 것은 아니라는 것이다. 여기에는 두 가지 중대한 차이가 있다.

첫째로 인간은 무엇을 만들거나 건축할 때에 반드시 미리 준비되어진 기존물질을 사용한다. 목재, 벽돌, 시멘트, 연장 등. 그러나 하나님은 세상을 창조하실 때 기존의 어떤 물질도 사용하지 않으셨다. 히11:3절에 "보이는 것은 나타난 것으로 말미암아 된 것이 아니니라" 시33:9절에 "하나님이 말씀하시매 이루었으며, 명하시매 견고히 섰도다." 다시 말해서 하나님은 무에서의 창조를 하신 것이다.

둘째로 건축이나 제작은 시간을 요하는 공정이다. 그러나 하나님께는 하루가 천년 같고, 천년이 하루 같습니다(벧후3:8). 그래서 다만 엿새 동안에 모든 우주의 창조를 마친 것을 믿을 뿐이다. 소위 진화론 때문에 과학자들이 말하는 이론들 때문에 이 믿음을 버려서는 안 된다. 하나님은 전능하신 분이다.

셋째로 중요한 것은 창조가 하나님의 손 안에서 이루어졌을 때 매우 선하였다는 점이다. 성경은 하나님 보시기에 좋았더라고 하였다. 이 말씀은 악의 기원이 하나님에게 있는 것이 아니라는 말이다. 문제는 만물을 오용한 존재들의 도덕적 패역에 있다. 사람들은 "붙잡지도 말고, 맛보지도 말고, 만지지도 말라"(골2:21-22)고 말하는 것은 바로 악의 근원을 사람 밖에다 두기 때문이다. 그러나 주님은 악의 기원을 막7:15절에 보면 마음에 두고 있다. 선악과의 이야기는 바로 이것을 잘 말해 준다.

사도신경 강해(2) (마27:32-37, 45-50)

사도신경에 기록된 기독론에 대해서 살펴보면서 은혜를 나누려고 한다. 사도신경에는 지난주에 살펴 본대로 맨 먼저 나오는 것이 신론이다. 전능하사 천지를 만드신 하나님 아버지를 내가 믿사오며, 우리가 가져야 할 가장 중요한 것은 창조신앙이다. 하나님께서 세상을 창조하셨고 나를 창조하셨다는 것을 믿어야 한다. 그 다음이 기독론이다.

그 외아들 우리 주 예수 그리스도를 믿사오니, 참 이상한 것은 왜 사도신경에 주님에 관한 말씀이 많이 나오느냐이다. 이유는 중요하기 때문이다. 우리가 기독교란 말을 쓰는데 기독, 즉 예수님이 바로 신앙의 중심이란 말이다. 또 예수님에 관한 말씀이 이렇게 반이나 차지한 것은 이 부분이 혼동하기 쉬운 부분이기 때문이다. 그래서 이단을 보면 기독론에 대한 것이 가장 많다. 우리가 기독교의 역사를 보면 기독론 때문에 많은 논쟁이 있었고, 또 많은 이단들이 나왔다. 기독론을 살펴보겠다.

먼저 '외아들'이란 표현이다. 이슬람교에서는 아니, 외아들이라니 그럼 하나님이 결혼했냐? 결혼했다면 그 아내가 누구냐? 하고 비판을 한다. 여기서 우리는 '외'란 말의 뜻을 분명히 알아야 한다. 본래의 뜻은 '독특한'이란 말이지 아들이 둘이 아니고 하나밖에 없다는 말이 아니다. 위리 말에는 그냥 외아들이라고만 했지만 본문에는, 또 영어의 번역에도 보면 '태어난'이란 말이 포함되어 있다(only begotten). 이것을 바로 번역하면 '독특하게 낳았다'는 뜻이다. 결코 생물학적인 뜻이 아니다.

그러나 이 말이 잘 이해가 안 가서 논쟁이 계속되었다. 희랍철학에 능통한 오리겐이 나타나서 이것을 합리적으로 해석했고 당시의 헬라철학에 비추어 '유출설', 즉 하나님이 흘러 넘쳐서 예수님이 나왔다고 해석했다. 그러자 또 말썽이 생겨서 콘스탄틴 대왕 때에 '호모우시우스', 즉 본질이 같다는 뜻으로 결론을 내렸다.

그 후에 알렉산드리아의 아리우스가 나타나서 '아니, 예수님이 하나님과 동일하다니 말이 안 된다. 그렇다면 하나님이 둘이란 말이 아니냐. 그러므로 예수님은 피조물이다. 하나님보다 조금 못한 피조물이다.'라고 주장하였다. 그가 사용한 단어는 '호모이오스', 즉 비슷하다는 단어이다. 참 그는 똑똑한 사람이었다. 그러나 기독교는 똑똑한 것만 가지고는 이해가 안 된다.

결국 이 문제는 60여 년 동안 엎치락뒤치락하다가 마침내 아다니시우스란 정통학자가 나타나서 아리우스를 이단으로 정죄하고, 주후 379년에 니케아신조가 나오게 되었다.

다음으로 중요한 것은 '우리 주 예수 그리스도'란 말이다. 아주 간단한 말이지만 이것이 사도신경의 핵심이다. 요즈음 신학자들 가운데 예수님은 사랑이다. 그러므로 '교회에 안 나와도 사랑만 있으면 믿는 것이나 같다'라는 망발을 하는 사람들이 있는데 참 한심하다. 우리 교회는 이런 자유주의는 절대로 받아들이지 않는다. 예수님은 우리의 주님이고 예수님은 우리의 그리스도이다.

다음은 동정녀 마리아에게서 나셨다고 했다. 최근에 미국의 모대학에서 쥐의 유전자와 토끼의 유전자를 교합시켜서 새로운 생물체를 만들어낼 수 있다는 것을 발표했다. 어쩌면 이런 식으로 해서 사람 형태의 동물을 만들어 내어서 파출부로, 공장의 일꾼으로 쓸 수도 있다는 것이다. 솔직히 놀라운 발표다. 아니 두려운 생각이 든다.

예수님의 동정녀 탄생에 대해서, 정말로 남녀의 성관계 없이 사람이 태어날 수 있을까? 생물학자들의 말을 들어보면 하급동물에서는 이것이 가능하다고 한다. 또 최근에는 생물체의 세포 하나를 잘 배양시키면 암수의 결합 없이도 그 생물체를 그대로 복사할 수 있다는 것이다. 그러므로 이론적으로는 남녀의 결합 없이도 다음 세대가 나올 수는 있다. 그러나 이것이 동정녀 탄생을 이해하는데 어떤 도움이 될까? 아무리 생물학적으로 가능하다 해도 예수님은 성령으로 잉태된 것이기 때문에 이런 과학적 이해가 아무런 도움이 안 된다. 다만 우리가 성경의 말씀을 믿고 받아들이는 것 외에는 아무 것도 없다.

구약 이사야 7:14절에 "보라 처녀가 잉태하여 아들을 낳을 것이요, 그 이름을 임마누엘이라 하리라"고 한 것이 성취된 것이다. 처녀가 남자와 성관계를 갖지 않고 아들을 낳았다는 것은 오늘날만이 아니라 예수님 당시에도 이해가 안 갔다. 요셉도 처음에는 이해를 못했다. 그러나 이것은 대단히 중요한 말씀이다. 왜냐하면 주님이 인성과 신성을 겸비한 분임을 증명하는 가장 중요한 구절이기 때문이다. 예수님은 100% 하나님이시고, 100% 사람이기 때문이다. 이 양성의 교리는 451년 칼케돈에서 확정되었다. 그 후에 기독교의 정통 교리가 된 것이다.

다음은 '빌라도에게 고난을 받으사'라고 하였다. 이것은 어떻게 보면 별로 중요하지 않은 말씀처럼 들린다. 그러나 아니다. 중요하기 때문에 나온 것이다. 얼마 전에 들은 얘기다. 어떤 16살 난 소녀가 아버지가 병에 걸려 하는 수 없이 바에 취직을 했는데 그 바의 주인 동생이 말을 잘 안 듣는 다고 발로 차서 배가 터져 죽었다는 것이다. 요즈음 우리나라가 선진국이 다 되었다고 좋아하는데 선진국이란 돈만 있으면 되는

게 아니다. 윤리가 있어야 하고, 교양이 있어야 한다. 그런데 우리나라에서는 경제적인 것만 가지고 선진국을 평가하는데 그것은 아주 잘못된 것이다. 그러면 누가 그 소녀의 가정에 도움을 주었으며 사랑을 주었는가? 없습니다. 교회가 눈을 감았다. 필자의 기도제목 가운데 하나는 내년에는 굶는 사람들을 위해 매일 우리 교회가 점심을 줄 수 있기를 바란다. 이런 사랑은 고난을 받아본 사람만이 줄 수 있다.

우리 주님은 빌라도에게 고난을 받으셨다고 했다. 그러므로 우리 주님은 우리의 고난을 잘 이해한다. 우리 사회의 구석구석에서 일어나는 모든 고통을 주님은 이해하고 도와주시기를 원하고 있다.

다음으로 중요한 것은 '십자가에 못 박혀 죽으시고'란 말이다. 요즈음에는 하도 죽는 분이 많아서 죽음에 대해 우리가 무감각해지고 있다. 죽으면 또 한 사람 죽었는가 보다 라고만 생각한다. 통계 이상의 의미가 없다. 그러나 내가 죽는다면 그 때는 무감각할 수가 없을 것이다. 참으로 생명은 귀한 것이다. 하나밖에 없는 것이기 때문에 정말 귀한 것이다. 그런데 주님이 우리를 위해 죽으셨다고 했다. 얼마나 놀라운 말씀인가? 그것도 우리가 아직 죄인 되었을 때에 죽으신 것이다. 우리를 살리기 위해, 우리의 죄를 용서하기 위해 죽은 것이다.

신문이나 텔레비전에 보면 문둥이를 위해 일생을 바친 사람들이 소개되고, 또 가난한 사람들을 위해 애쓰는 분들이 소개될 때에는 눈시울이 뜨거워짐을 느끼게 된다. 얼마나 놀라운 사랑인가? 그러나 주님의 사랑은 이런 것이 아니다. 하나님으로서 우리를 위해 죽으신 것이다. 그러므로 우리는 이 구절을 고백할 때 뜨거운 눈물을 흘려야 마땅하다.

우리가 예수님을 믿는 것이 기독교 신앙의 핵심이기 때문에 이것이 좀 삐딱해지면 모든 것이 잘못되는 것을 보았다. 예수님은 일반 사람들과는 달리 독특하게 성령으로 잉태되었다. 그는 100% 하나님이시며 100% 사람이다. 그러기에 그는 우리의 구원자가 될 수 있고, 또 희생 제물이 될 자격이 있다. 중요한 것은 바로 그 주님이 저와 여러분들을 구원하기 위하여 죽으셨다는 점이다.

사도신경 강해(3)(행3:1-10)

미국 서북부에 가면 yellow stone national park가 있는데 거기에 올드 페이스 풀이 있고 수십 개의 구멍에서 물기둥이 십 미터나 솟아오른다고 한다. 또 땅의 구멍에서 푹푹하고 기차소리를 내기도 한다고 한다. 그런데 미국의 많은 사람들은 이곳에 가기 전에는 이 사실을 잘 믿지 않는다고 한다. 이것이 바로 세상이다. 왜냐하면 사람들은 자기의 경험과 자기의 지식의 범위를 벗어날 수 없기 때문이다. 그래서 김선운 목사님은 '자기 지식이 자기의 세계라'는 말씀을 교회에 남기셨다.

우리는 현대판 앉은뱅이가 일어난 기적의 체험을 듣게 된다. 발달장애아 걸음마 축하 간증회가 바로 그것이다. 이것도 듣는 사람들은 믿기가 어려울 것이다. 그러나 사실을 우리는 듣게 된다.

예수님의 부활도 처음 들으면 믿을 수가 없다. 왜냐하면 세상에는 그런 일이 없기 때문이다. 물론 요즈음에는 웬 놈의 천국 갔다 온 사람이 그렇게도 많은지 모르겠다. 그러나 의심이 많아서 그런지 다 믿을 수가 없다. 아마 기절했거나 아니면 환상을 보았거나 아니면 거짓말이거나일 것이라고 생각한다. 그러나 오늘 말씀드릴 주님의 부활은 역사적 사실이다.

왜냐하면 성경에 그 증거가 있기 때문이다. 첫째는 빈 무덤, 둘째는 본 사람들의 명단, 셋째는 비겁한 제자들의 변화, 넷째는 계속해서 세워지는 교회들이 바로 그 증거가 된다. 만약 주님의 부활이 예수님의 제자들의 고등 사기꾼들에 의해 만들어진 것이라면 여러분들은 속은 사람들이다. 그러나 어떻게 2000년 동안 역사를 통해서 계속해서 사기를 칠 수 있을까? 도저히 불가능하다. 그럼에도 불구하고 이 부활을 믿지 않는 사람들은 얼마든지 있다.

심지어 어떤 신학자가 사도신경에 대해서 이런 글을 썼다. 이 부분에 대해서 예수님이 부활한 것이 아니고, 다만 제자들이 그렇게 믿은 것이라고 했다. 즉 제자들이 속았다는 것이다. 어떻게 부활이 가능하냐고 반문하고 있다. 그러나 성경에 보면 도마란 제자도 의심했다. 그러나 그가 나중에 믿은 것은 손으로 만져보았기 때문이다. 우리도 의심하는 자가 아니라 믿는 자가 되기를 바란다.

다음으로 생각할 것은 우리가 죽은 후에 어떻게 되는가이다. 첫째로 모든 것은 제 갈 길로 간다. 몸은 흙에서 왔기 때문에 흙으로 다시 돌아간다. 썩고 만다(창3:19, "너는 흙이니 흙으로 돌아갈 것이니라"). 따라서 육신의 몸에 관한한 신불신간에 차이가 없다. 비록 죄의 용서함을 받아도 죄의 삯대로 죽는다. 왜 그럴까? 그것은 주님의 사역으로 말미암아 주어지는 육신적인 유익들은 하나님께서 종말이 올 때까지 보류하기 때문이다. 그러나 주님이 오시면 그때에 육신의 몸은 재조직될 것이다. 빌 3:21절에 보면 "우리의 낮은 몸을 자기 영광의 몸의 형체와 같이 변케 하시리라"고 하였다. 그러나 불신자는 더럽고 추한 상태로 부활하여, 영혼뿐 아니라 몸으로도 죄에 대한 정당한 형벌을 받는다(고후5:10).

그러나 영혼은 불멸한다. 왜냐하면 하나님께서 입김을 불어넣으신 것, 즉 하나님으로부터 왔기 때문이다. 그러면 사람들이 죽은 뒤에 어디로 가는가?

두 군데로 간다. 믿는 성도는 죽는 순간에 거룩함으로 완전케 되어

지극히 높은 천국에 들어가 거기서 빛과 영광 가운데 하나님의 얼굴을 본다. 그리고 육신의 완전한 구속을 기다린다. 그러나 믿지 않는 사람의 영혼은 지옥에 던져서 거기서 고통과 칠흑 같은 어두움 가운데 지낸다. 거기서 그들은 치욕, 경멸, 부끄러움 그리고 영원한 고통을 당하게 된다. 그리고 더욱 고통스러운 것은 마지막 심판을 기다리는 것이다. 우리는 심판의 날이 언제인지 모른다. 심판이 날이 올 때에는 선악간에 몸으로 행한 것에 따라 보응을 받게 된다.

사도신경 강해(4)

1. "하늘에 오르사"

그리스도의 생애는 4가지의 기적으로 되어 있다.

첫째는 성육신(그리스도의 처녀 탄생), 둘째는 부활, 셋째는 승천, 넷째는 재림이 바로 그것이다. 여기서 그 세 번째 이적인 주님의 승천을 생각하려고 한다. 주님은 이 땅에 겸손하게 아기로서 오셨다. 그러나 그의 고향인 하늘로 가실 때에는 높으신 정복자로서 가셨다. 주님은 세상에 오셔서 대제사장으로서 중재사역을 하기 위해 승천하셨던 것이다.

2. 왜 승천하셨나?

하늘은 본래 주님의 집이었다. 그러므로 일을 끝내면 집으로 돌아가는 것은 당연한 것이기 때문에 주님은 승천하셨던 것이다. 또 구약에 있는 승천의 예언(시68:18: 110:1)을 이루기 위해서이기도 하였다. 그러나 주님이 승천하신 또 다른 이유는 첫째는 예수님이 참으로 부활하셨다는 것을 의심 없이 믿게 하기 위해서이고, 둘째는 제자들에게 기독교 신앙에 대한 좀 더 많은 교훈을 주시기 위해서 40일 동안 세상에 계셨던 것이다. 성경에서 40일이란 숫자는 신학적으로 중요한 의미를 갖는다. 그것은 세상의 숫자인 4에다가 세상의 완전 숫자인 10을 곱한 숫자이기 때문이다. 그래서 이스라엘은 광야에서 40일 동안 시험을 받았고, 주님도 40일간 시험을 받으셨다.

그런데 사람들은 이 승천을 비웃는다. 어떻게 그런 일이 있을 수 있는냐고. 왜냐하면 하늘이란 위에 있는 것이 아닌데 어떻게 위로 올라 가셨다고 기록할 수 있느냐는 것이다. 또 이것은 자연의 법칙인 중력의 법칙을 무시한 것이기 때문에 있을 수 없다는 것이다. 그래서 어떤 사람들은 이 것을 신화적 표현이라고 말한다. 그러나 이것은 고대 사회의 세계에 대한 삼층구조적 사고를 할 때 그 시대의 사람들이 이해할 수 있도록 기록된 것이다..

그러나 여기서 하늘에 오르사란 말은 화성 같은 나라를 두고 하는 말은 아니다. 스프트니크의 조종사는 이 구절을 비웃었다. 그 후 그는 사고로 죽고 말았다. 하나님의 심판이 아니겠는가? 그렇다고 환상을 의미하는 것도 아니다.

3. 주님은 왜 승천하셨을까?

승천의 목적은 첫째로 아버지 하나님을 영화롭게 하기 위해서였다(요 17:1: 행5:31). 둘째 목적은 우리를 위해 길을 열어 주시기 위해 전주자로 승천하셨다(히6:20). 셋째로 우리의 처소를 예비하시고, 대제사장이 되셔서, 그에게 합당한 자리에 앉기 위해서(히10:12-13)였다.

4. 승천의 결과는 무엇을 위해서였나?

첫째로 사람들에게 선물을 주시기 위해서였다(엡4:8).

둘째로 성령을 주시기 위해서였다(요16:7: 행2:33).

셋째로 죄를 정결케 함을 받을 때에 어떻게 됨을 보여주심(히1:3).

넷째로 우리를 죄악이 사슬에서 완전히 구하여 주기 위해서(히7:25).

다섯째로 만물을 충만케 하기 위해서 승천하셨다.(엡4:10).

여섯째로 승천하시므로 천사나 권세들이나 능력이 그에게 종속되게 하기 위해서였다(벧전3:22).

구원의 단계
구원의 제1단계인 소명

소명이란 말은 하나님의 부르심을 말한다. 원어로는 '칼레오'란 말에서 유래하였다. 성경에 보면 하나님은 누구나 부르신다. "수고하고 무거운 짐 진 자들아 다 내게로 오라 내가 너희를 쉬게 하리라"고 하시면서 모든 죄인들을 부르신다. 하나님의 부르심은 자연을 통해서도 오고, 설교를 들을 때 오기도 하고, 성경을 읽을 때 오기도 하고, 심지어 꿈이나 친구를 통해서 오기도 한다. 참 놀라운 것은 어떤 사람은 점쟁이를 통해서 오기도 한다. 이처럼 하나님의 부르심은 참으로 불가사의하다. 그러나 말씀을 통한 부르심이 아닐 때에는 주의해야 한다. 자칫하면 사탄의 유혹을 하나님의 부르심으로 착각할 수도 있기 때문이다. 따라서 하나님의 말씀이 언제나 표준이 되어야 하는 것이다.

하나님의 부르심은 크게 두 가지로 나눈다. 하나는 일반적 소명이고 다른 하나는 효과적 소명이다. 일반적 소명이란 외부로부터 오는 소명인데 하나님의 말씀을 듣는 것만으로 끝난다. 이것은 누구에게나 온다. 다만 여기에는 성령의 역사가 뒤따르지 않는다는 점이 특색이다. 다음은 효과적 소명이다. 이것은 죄인들의 심령을 회개시켜 구원에 이르게까지 하는 것을 말한다. 따라서 중요한 것은 효과적 소명이 있어야 한다.

효과적 소명에는 적어도 세 가지가 있어야 한다. 첫째는 위로부터의 부르심이 있어야 한다. 이것은 예정된 자들에게만 임한다. 따라서 이 부르심은 거룩한 부르심이고, 하나님의 직접적인 부르심인 것이다. 둘째는 유효성이 있는 부르심이다. 이 부르심을 받은 사람은 누구나 다 하나님 앞에 나오게 된다. 일반적 부르심에는 이런 유효성이 없기 때문에 듣기는 들어도 깨달음이 없고, 감동이 없다. 그러나 효과적 부르심에는 성령의 역사가 있기 때문에 들을 때 감동이 오고, 하나님 앞에 나오게 되는 것이다. 셋째로 효과적 부르심에는 불변성이 있다. 그래서 절대로 취소되지 않는 것이다. 로마서 8장 28절에서 30절에 보면 네 가지가 서로 연결되어 있는 것을 볼 수 있다. 즉 예정된 자는 효과적 소명을 통해 칭의에 이르고, 마침내는 영화에 이른다는 것이다.

그러면 여기서 문제가 되는 것은 왜 하나님은 구원에 이르지 않는 일반적 소명을 하시는가이다. 네 가지 이유가 있기 때문이다. 첫째는 죄인들에게 회개에 이르도록 하시는 과정으로서 일반적 소명을 하신다는 것이다. 우리가 전도하는 것은 듣는 모든 사람이 다 회개하기 때문이 아니고, 택함을 받은 사람이 누구인지 모르기 때문에 그들을 부르기 위한 과정으로서 필요하기 때문이다. 둘째는 창조자로서 봉사를 요구하시는 통로로서 필요하시다는 것이다. 셋째는 하나님의 거룩하심과 선하심과 긍휼하심을 보여주시기 위해서이다. 넷째는 하나님의 의를 강조함으로써 하나님의 의에 대해 인간들이 핑계치 못하도록 하기 위해서이다. 끝으로 소명의 구성요소이다. 소명에는 예수님께서 인류의 구속자라는 복음의 진리가 포함되고, 다음에는 회개하고 그리스도를 영접할 때에 구원받게 된다는 초청이 있고, 마지막으로는 그리스도를 믿을 때 죄의 용서와 구원의 약속이 있다는 내용이 있다.

구원의 2번째 단계인 중생

중생이란 단어는 생각 외로 성경에 적게 나온다. 마태복음 19장 28절과 디도서 3장 5절의 두 절밖에는 없다. 그러나 중생과 같은 의미의 단어는 많이 나온다. 그 단어들의 뜻을 보면 새 생활의 시작, 새로운 출생, 소생 등의 의미를 가진다. 그러면 왜 중생이 필요한가? 자유주의자들은 중생을 초자연적 변화로 보지 않고, 성격이 선하게 바뀌는 것으로만 본다. 왜냐하면 이들은 인간의 전적 타락을 믿지 않기 때문이다. 그러나 성경에 보면 중생이 절대적인 필요성을 말씀하고 있다. 예를 들어 요한복음 3장에 나오는 니고데모와의 대화를 보면 "사람이 거듭나지 않으면 하나님 나라를 볼 수 없느니라… 들어갈 수 없느니라"(3. 5절)고 하였다.

그러면 왜 성경은 중생의 필요성을 말씀하고 있는 것인가? 신학적으로 말하면 두 가지의 이유가 있기 때문이다. 첫째는 칼뱅의 말처럼 인간은 전적으로 타락하였기 때문이다. 물건도 수리해서 쓸 수 있는 것이 있고, 수리해도 다시 쓸 수 없는 것이 있듯이 인간도 마찬가지이다. 인간은 아무리 배우고, 수양을 쌓고, 덕을 쌓아도 근본적으로 부패되었다. 따라서 자신의 힘만으로는 절대적으로 선해질 수 없는 것이 인간이다.

둘째는 인간의 전적 무능 때문에 인간은 중생해야 한다. 에베소서 2장 1절의 말씀대로 인간은 허물과 죄로 죽었던 자들이다. 하나님을 알 수도 없고 볼 수도 없는 영적 맹인인 것이다. 소망이 있다면 다시 태어나는 것이다. 이것이 바로 중생이다. 그러면 무엇이 인간을 중생케 만드는가? 그것은 인간의 의지도 아니고, 제도도 아니다. 바로 성령인 것이다. 어떤 사람들은 죄인들의 협력 없이 중생할 수는 없다고 생각한다. 그러나 인간은 전적으로 무능하기 때문에 아무런 협력도 불가능한 것이다.

끝으로 그러면 중생의 특징은 무엇인가? 펠라기우스파들은 인간의 의지에 따른 도덕적 개선으로만 생각하지만 이것은 잘못이다. 또 알미니안파들은 중생을 신인협력에 의해 이루어진다고 보고 있으나 이것도 잘못이다. 중생은 하나님의 주권적 사역인 것이다. 그뿐 아니라 중생은 전인적 변화이며, 즉각적으로 하나님의 의지에 의해 일어나는 것이기 때문에 인간이 거부할 수 없는 성질의 것이다.

최근 대통령의 개혁은 칼뱅주의자로서 마땅하고, 또 우리 모두가 도와주어야 한다. 그러나 우리는 인간의 전적 타락을 우선 전제로 생각해야 한다. 따라서 진정한 개혁이 이루어지려면 우리들 각자가 그리스도의 보혈로 깨끗하게 씻음 받는 중생이 먼저 이루어져야 한다.

구원의 3번째 단계인 회심

하나님의 택함을 받은 백성들은 성령의 효과적 소명을 받고 중생하게 된다. 새로운 탄생이 시작된 것이다. 그러나 영적 세계에서는 사람이 태어났다고 해서 끝나는 것이 아니다. 새로운 출발이 있어야 한다. 이것이 바로 회심이다.

회심에는 두 가지가 반드시 있어야 한다. 하나는 과거의 죄에 대한 회개이고 다른 하나는 하나님께 대한 믿음이다. 여기서 우리는 아주 재미있는 사실을 발견하게 된다. 그것은 하나님께 대한 신앙이 먼저 있고 그 후에 중생의 변화가 일어나는 것이 아니라, 중생이 먼저 있고 그 후에 하나님께서 신앙의 선물을 주신다는 점이다. 이것이 알미니안주의와 칼빈주의의 차이점이다.

그러면 회심의 첫 번째 요소인 회개란 무엇인가? 회개란 히브리어로 두 단어가 있다.

첫째는 '나함'이란 단어로 그 뜻은 '후회한다'는 말이다. 과거 자기가 행한 죄에 대하여 부끄러워하는 것을 말한다(창6:7; 렘8:6).

둘째는 '슈브'란 말인데 그 뜻은 '뒤로 돌아서다'란 뜻이다. 회개에 대한 성경의 가장 중요한 뜻이 여기에 있다.

다음은 신약의 헬라어로서 가장 많이 쓰이는 것이 '메타노이아'란 말이다. 여기서 메타란 말은 '후에'란 뜻이고, '마음'이란 뜻의 '누스'란 두 단어가 합성하여 된 것이다. 이것은 생각과 감정의 변화를 의미하는 것이다.

한 가지 분명한 것은 회개에는 지.정.의의 세 가지가 있어야 한다는 점이다. 즉 내가 지은 죄가 어떤 것이며, 오염의 정도와 허물의 크기를 지적으로 아는 것이 먼저 있어야 하고, 다음에는 하나님께 반역한 것에 대해서 미안해하고 슬퍼하는 감정적인 면이 있어야 하고 끝으로 결단과 함께 순종하는 행동적이고 의지적인 면이 있어야 한다는 말이다.

회심의 두 번째 요소인 믿음이란 무엇인가? 믿음이란 히브리어로 '헤에민'이란 말인데 그 뜻은 '참된 것으로 간주한다'는 말이다. 또 헬라어로는 '피스티스'란 말인데 그 뜻은 인격적 신뢰와 미래의 일에 대해 '온전히 맡긴다'는 말이다.

사실 믿음에는 세 가지가 반드시 있어야 한다.

첫째는 지식이다. 즉 내가 믿는 분은 어떤 분이시며 어떻게 믿어야 하는가, 성경은 어떤 책이고 그 내용은 무엇인가 등을 지적으로 알아야 한다.

두 번째는 그 지식에 대해 동의해야 한다. 즉 성경을 액면 그대로 믿어야 하는 것이다. 이것을 정적인 면이라고 할 수 있다.

셋째는 내어맡기는 헌신이 있어야 한다. 이것은 믿음의 의지적인 면이라고 할 수 있다. 나의 죄의 짐과 근심과 걱정과 내 모든 문제들을 내어맡기는 것이 없이는 그 믿음은 반쪽의 믿음이요 참 믿음이라고 할 수 없다. 끝으로 중요한 것은 확신이다. 확신에는 객관적 확신과 주관적 확신의 두 가지가 있는데

첫째는 구원의 본질에 대해서 확신하는 것이고,

둘째는 그리스도께서 말씀하신 것과 그리스도께서 십자가를 지시고 부활하신 것이 바로 나를 위한 것이라고 확신하는 것이다. 여기서 중요한 것은 객관적 확신도 있어야 하지만 그와 함께 그것을 나의 확신

으로 받아들이는 주관적 면이 반드시 있어야 한다는 점이다. 그런데 천주교에서는 객관적 확신만을 주장하고 율법폐지론자들은 주관적 확신만을 주장한다. 이것은 둘 다 일부만을 보는 잘못된 것이다.

구원의 4번째 단계인 칭의

칭의란 우리가 객관적으로 의롭게 된다는 말이 아니라 재판장이신 하나님이 우리를 의롭다고 간주해주시고 그렇게 여겨주시는 재판적 행위를 말하는 것이다. 칭의를 좀 더 쉽게 이해하기 위해서 예를 하나 들어보자.

어떤 사람이 자동차를 몰고 가다가 그만 사고가 나서 인명피해가 났다. 자동차에 치인 사람이 그만 죽은 것이다. 사고를 낸 사람은 구속이되어 재판을 받는 가운데 다행히 합의가 이루어져 일억 원을 주기로 하였다. 그러나 보상할 돈이 없어서 쩔쩔매는데 어떤 부자가 대신 그돈을 물어주었다. 그래서 재판장은 사고를 낸 사람을 석방하고 무죄로 선언을 한 것이다. 법적으로 그는 의인이 된 것이다. 그러나 그의 양심에는 가책이 있고 괴로움이 남아 있는 것이다. 이것이 바로 칭의인 것이다.

본래 칭의란 말은 히브리어로 '하치디크', 헬라어로는 '디카이오'란 말인데 그 뜻은 '의롭다 하다', '의롭다고 여기다'란 말이다. 칭의의 성질은 우리 편에 죄가 있음에도 불구하고 하나님께서 우리를 의롭다고 선언하시는 법적 신분의 변화를 의미하는 것이다. 칭의란 내적 변화를 뜻하는 것이 아니라 법정적 선언이기 때문에 단번에 이루어진 것이다. 따라서 우리의 선행이나 공로로 된 것이 아니고, 그리스도의 의가 우리에게 전가된 결과인 것이다.

칭의에는 몇 가지의 특징이 있다. 무엇보다도 죄책이 제거되고, 믿음과 함께 단번에 이루어지며, 성부에 의해 이루어지는 역사인 것이다. 그러나 칭의와 함께 성령의 사역인 성화가 시작되면서 실질적인 내적인 변화가 이루어지는 것이다. 칭의에는 두 가지 요소가 있다. 첫째로 그리스도의 의가 전가된 것이기 때문에 과거, 현재, 미래의 모든 죄가 다 용서함을 받은 것이다. 둘째로 의롭다함을 받게 되면 그리스도를 옷 입게 되고, 하나님의 자녀가 되어(양자권) 영생을 누리게 된다(영생권).

그러면 의롭다 함을 받은 성도는 다시는 회개하지 않아도 되는가? 주기도문 보면 죄의 용서를 매일 기도하라고 가르치고 있다(마6:12). 이것은 의롭다함을 받은 후에도 계속해서 회개가 필요하다는 말이다. 그러나 여기서 말하는 회개는 칭의 이전의 회개와는 전혀 다른 것을 알아야 한다. 전에는 재판장 되신 하나님 앞에서 회개하지만 의롭다함을 받은 후에는 아버지 되신 하나님 앞에서 회개하고 기도하는 것이다. 즉 기도하는 자의 입장과 자세가 전혀 다른 것이다. 또한 반복적 회개는 이전 상태로 돌아간 듯한 죄책감과 슬픔 같은 것을 제거하기 위해서이며, 보혜사 성령의 깨닫게 하심으로 이루어지는 것이다. 이 반복적 회개를 통해 우리 성도들은 하나님 아버지와 깊은 교제를 하게 되고 기쁨을 회복하는 것이다.

끝으로 의롭다함을 받은 성도는 최후의 심판을 받지 않는가 하는 문제다. 간단히 말하면 의롭다 함을 받은 성도도 최후의 심판 때 심문을 받는다. 칭의는 그리스도 앞에서 개인적으로 받은 것이지만 이제 최후의 심판 때에는 전 우주적으로 의롭다함을 받는 것이다. 그러므로 공적으로 영원한 칭의의 선언을 위해서 성도들도 최후의 심판대 앞에 서는 것이다.

구원의 5번째 단계인 성화

성화란 말은 구원받은 성도가 성령의 역사로 죄의 부패에서 떠나 성결케 되는 것을 말한다. 성경에는 "내가 거룩하니 너희도 거룩할지니"라고 하였다. 그러므로 성화의 본래적인 뜻은 구별된 존재가 되는 것을 말한다. 성화란 말의 어원은 히브리어로 '카도쉬', 헬라어로 '하기아조'란 말에서 유래되었다. 성화는 크게 세 단계로 이루어진다. 첫째는 의롭다함을 받을 때에 원리적으로 성화된다. 하나님께 속한 존재가 되었다는 뜻이다. 그러나 이때에는 실제적으로는 아직도 세속적이고 거룩하지 못하다. 두 번째 단계는 점차적 성화의 단계이다. 칭의가 이루어진 후부터는 실제적인 성화가 이루어지는데 이것은 점차적인 것이다. 따라서 죽는 순간까지 계속된다. 세 번째 성화의 마지막 완성단계는 죽은 후에 부활하게 될 때에 일어난다. 이때에는 완전한 성화가 이루어지면서 그 다음 단계인 영화의 단계로 향한다.

그러면 성화의 구체적 내용은 무엇인가? 무엇보다도 성화는 도덕적 수련이나 의지에 의해 하나씩 변화되는 것이 아니라, 성령의 초자연적 역사와 말씀의 역사로 변화되는 것을 말한다. 물론 중생한 후에도 죄의 오염은 남아 있으나 이것이 점차적으로 성화를 통해 제거된다. 성화의 모델은 바로 주님이시다. 하나님의 형상이 회복되고, 그리스도의 형상을 닮아가는 것이다. 중요한 것은 성화란 이 땅에서는 완성되지 않으며 부활할 때까지 계속된다는 점이다. 그러므로 중생이 영적으로

새로운 탄생이라면 성화는 영적인 성장인 것이다. 따라서 중생 없이는 성화는 이루어지지 않는 것이다. 태어나지 않고 어떻게 성장하겠는가?

다음으로 성화의 방법은 무엇인가? 성화는 크게 네 가지 방편에 의해 이루어진다. 첫째는 하나님의 말씀이다. "말씀으로 거룩하게 하옵소서 당신의 말씀은 진리니이다"란 말씀대로 말씀을 통해 성화가 이루어지는 것이다. 두 번째는 성례를 통해서 성화가 이루어진다. 말씀이 귀에 주어진 방편이라면 성례는 눈에 주신 말씀인 것이다. 세 번째는 성령의 역사이시다. 우리가 성령이라고 부르는 것은 거룩한 영이기 때문이기도 하지만 또한 거룩하게 만드시는 분이시기 때문이다. 네 번째는 기도생활이다. 기도는 하나님과의 영적 대화이다. 이 교제를 통해서 우리는 하나님과 가까워지고, 그리스도를 닮아가며 거룩해지는 것이다.

성화와 선행의 관계에 대해 살펴보자. 물론 성화되지 않고 있는 사람도 선행은 행한다. 불신자들도 때로는 신자들보다 더 선행을 행하는 것이다. 그러나 그들의 선행은 하나님을 영화롭게 할 목적이 아니고, 말씀에 대한 응답도 아니다. 그러므로 세속적 선행을 성화와 혼동해서는 안 된다. 가장 중요한 것은 성화와 함께 시작되는 영적 선행이다. 성화가 이루어지면 그 열매가 맺혀지는 데 그 중에 하나가 바로 선행이다. 그러나 우리의 선행은 설익은 과일처럼 부족한 것이 많다. 그런데 성도의 선행은 세 가지의 특징이 있다. 첫째는 하나님을 영화롭게 하려는 동기에서 시작한 것이요 둘째는 말씀에 대한 순종에서 비롯된 것이다. 셋째는 세속적 선행과는 달리 자기중심적인 것이 아니라 하나님 중심적인 것이다.

구원의 마지막 6단계인 영화

영화란 구원의 전 과정이 완성되는 단계를 말한다. "또 미리 정하신 그들을 또한 부르시고 부르신 그들을 또한 의롭다 하시고 의롭다하신 그들을 또한 영화롭게 하셨느니라"(롬8:30). 영화에는 크게 두 가지가 있다. 하나는 소극적 단계로서 죄의 세력과 부패로부터 해방되는 것이고 다른 하나는 적극적 단계로서 천국의 영원한 행복으로 들어가는 것을 말한다.

그러면 언제 우리는 영화롭게 되는가? 성도가 죽을 때에 그 영혼은 성령의 역사로 말미암아 즉각적으로 죄의 세력에서 완전 해방되고 하나님 앞에 나아가 영원한 행복을 누리게 된다. 따라서 첫 번째의 영화는 죽을 때에 오는 것이다. 그러나 육신은 무덤에 남아 잠자고 있다가 예수님이 천사장의 나팔소리와 함께 재림하실 때에 부활하여 썩지 아니할 몸, 즉 영광스러운 몸으로 부활하여 영광스러운 상태에 이르게 되는 것이다. 이것이 마지막 완성된 영화이다. 따라서 영화의 시기는 영혼이 죽을 때에, 육체는 주님 재림할 때에 오는 것이다.

다시 말하면 주님의 부활하신 몸과 같은 영광스러운 몸으로 되는 것이다. 영광스럽게 된 이 몸은 시간과 공간의 지배를 받지 않는다. 사실 우리가 이 땅에 가지고 살고 있는 몸은 이 땅에서 살기에 알맞은 몸이기 때문에 천국에서는 부적합한 것이다. 그러면 영광스러운 몸이라고 했을 때 그것은 구체적으로 무엇을 말하는가? 히브리어로 '카보드'란 말인데 그 뜻은 무겁다는 의미이다. 이 단어는 부요함과 권세와 지위를 소유한 사람에게 적용되는 말이다. 헬라어로는 '독사'라고 기록하고 있는데 그 뜻은 초자연적 빛의 광체나 존귀함을 말할 때 사용된다. 놀라운 것은 성경에 천국이란 말과 영광이란 말이 동의어로 사용되고 있다는 점이다(벧후1:17; 시73:24; 요17:24). 그래서 우리 성도들은 영광스럽게 될 때인 주님의 재림을 간절히 기다리는 것이다. 왜냐하면 골로새서 3:4절에 "우리 생명이신 그리스도께서 나타나실 그때에 너희도 그와 함께 영광 중에 나타나리라"고 말씀하셨기 때문이다.

중요한 것은 영화란 우주적인 사건이기 때문에 이것만 따로 일어나는 것이 아니라 첫째는 주님의 재림과 함께 일어나고, 다음은 피조계 전체가 새롭게 되는 사건과 함께 일어난다. 그래서 우리 성도들의 영화는 인간뿐만 아니라 모든 피조물들이 다 같이 고대하며 기다리는 것이다.

여기서 우리가 기억할 것은 구원의 최종 단계에 주어지는 영광은 이 세상에서의 그 어떤 영광과도 비교할 수 없는 것이다. 그러므로 우리는 환난 중에서도 이 영광을 바라보고 즐거워하자(롬5: 2-3).

부 록
신앙생활의 규범과 신앙칼럼

성경 속독법과 구역장 역할

　구역장은 그 구역을 보살피는 평신도 목회자이다. 따라서 구역원들을 보살피고, 심방하고, 가르치며 기도하는 일을 해야 한다. 그 중에서도 구역예배를 인도하는 일은 가장 중요한 사명의 하나이다. 더구나 최근에는 셀(cell)교회의 개념이 교회에 도입되면서 구역장의 목회자적 사명이 더욱 요청되고 있다. 게다가 대교회에 있어서는 극장식 교회가 되기 쉽기 때문에 구역장들의 목회적 사역이 대단히 중요한 의미를 가진다.

1. 구역장의 성경연구

　(1) 먼저 소명감을 가지라. 구역장이 되는 것은 목회를 돕는 조력자, 중간지도자, 평신도 사역자가 되는 것이기 때문에 먼저 자신의 역할에 대한 자부심과 소명감을 가져야 한다. 그것이 없이는 협조적 방해꾼이 될 수가 있다.

　(2) 문제의식을 가지라. 교인들은 목회자를 통해서 많이 배우지만 그러나 같은 문제를 가지고 있는 선배인 구역장들을 통해서 배우는 것이 더 많기 때문에 기본적인 성경 연구를 하여야 한다.

　(3) 성경에 대한 기본 지식을 가지라.

　첫째로 성경은 어떤 책인가?

　둘째로 성경의 구조는 어떻게 이루어져 있는가?

　셋째로 각권의 성경책은 어떤 특색을 가지고 있으며 어떤 주제로 되어 있는가?

넷째로 성경의 해석은 어떻게 해야 하는가?

다섯째로 성경은 어떻게 활용할 수 있는 가? 등이다.

(4) 성경연구에는 두 가지 방법이 있다.

첫째는 망원경식 연구.

둘째는 현미경식 연구.

(5) 성경의 속독법과 정독법을 배우라.

성경의 속독법이 필요한 것은 현대인은 시간이 없고, 바쁜 가운데서 성경을 읽어야 하기 때문이다. 성경 속독법의 방법을 익히기 위해서는 먼저 고정관념이나 편견을 버려야 한다. 그러기 위해서는 소리를 내서 읽는 버릇이나 속으로 읽는 버릇을 먼저 버려야 한다.

속독법의 구체적 방법으로는 첫째로 눈의 움직임을 빨리하고, 집중력을 키우고, 복귀(regressione)를 방지하기 위해서 손을 움직이면서 사진 촬영 식으로 본문을 본다. 둘째는 단원의 첫줄과 마지막 줄에서 주제를 발견한다. 셋째는 왼쪽에서 오른쪽으로만 읽지 말고 오른쪽에서 왼쪽으로 읽는 법을 겸용할 뿐 아니라 좀 익숙해지면 위에서 아래로 읽는 버릇을 가진다. 한 주간만 연습하면 속독법의 기초를 익힐 수가 있다.

정독법으로는 주제를 중심으로 묵상하며 읽는다.

(6) 성경연구에서 중요한 것은 기억하는 비결이다. 사실 교인들은 대부분 들은 것을 금방 잊어버리는 습성이 있다. 이것은 머리가 나빠서가 아니라 그 지식을 머릿속에 목록화(indexing)시키지 못하기 때문이다. 마치 컴퓨터에 입력을 시켜놓고 찾지 못하는 경우와 같다. 그러나 저녁이나 다른 어떤 기회에 별안간 생각이 나는 경우가 많다. 그러므로 기억하는 비결은 첫째로 성경의 key point를 index cards로 만들

어서 사용하는 것이 필요하다. 둘째로 육하원칙에 따라(누가, 언제, 어디서, 무엇을, 어떻게, 왜) 읽는다. 셋째로 중요한 부분에 마크를 한다. 넷째로 연상 법을 통해서 기억하는 것이다. 예를 들면 말째에 나오는 말라기 선지자, 막달라고 하면서 창녀생활을 했던 막달라 마리아, "나 살아났어" 하면서 살아난 나사로, 성경은 3×9=27(합계 66권) 등등.

기억법으로는 첫째 다이얼 식 기억법(redial recall pattern), 둘째 직선식 기억법(linear recall pattern), 셋째는 슬레시 식 기억법(slashrecall pattern), 넷째로 그림 식 기억법(picorial recall pattern), 다섯째로 기하학적 기억법(geometrirecall patternc) 등이 있다.

2. 성경 활용의 원리

성경의 지식으로 가지고 있을 때에는 별로 힘도 없고, 깊이도 없어 보인다. 그러나 일단 생활에 적용하면 놀라운 힘이 생기고, 구원의 역사가 나타나는 책이다. 활용의 원리로는

(1) 3P의 원리(personal, possible, practical)

(2) '피의예지명' 원리: '피'해야 할 것, '의'지할 말씀, '예'가 되는 것, '지'적으로 꼭 기억해야 할 것, '명'령한 것이 무엇인가를 찾아낸다.

(3) 성경과 우리 사이에는 두 가지 간격이 있음을 우리는 항상 기억해야 한다. 첫째는 시간적, 역사적, 문화적 간격이 있다. 성경은 고전이기 때문에 연구를 통해서 이 간격을 극복할 수 있다. 둘째로 영적 간격이 있다. 이것은 오로지 기도로만이 극복할 수 있다. 성경은 영의 책이기 때문에 영으로만 극복할 수 있기 때문이다.

(4) 성경에서 주님을 만나고, 그의 음성을 듣는 마음으로 읽으면 성경의 참 맛을 알 수 있다.

기도를 통해 하나님이 일하신다

제가 성서를 통해서 그리고 기도를 하면서 발견된 진리는 하나님께서는 혼자 일하시는 것을 원치 않으시고, 우리와 함께 동역하시를 원한다는 점이다. 왜냐하면 하나님은 사랑이기 때문이다. 사랑의 특징은 대화이다. 대화 없는 사랑을 없다. 부모와 자식간에도 그렇고, 부부간에도 그렇고, 하나님과 우리와의 영적인 관계도 그렇다. 그러므로 사랑의 본질은 대화에 있다. 영적인 대화인 기도에 있다. 우리가 기도해야 하는 중요한 이유는 하나님을 사랑하기 때문이다.

고전 3:9에 보면 "우리는 하나님의 동역자들이요"하고 했다. 그래서 무슨 일이든지 하나님께서는 일을 시작하기 전에 그 문제에 대해 우리와 대화하기를 원하신다. 구약을 보면 하나님께서는 자기 백성들에게 먼저 기도를 통해 일하기를 원하셨다. 심지어 예수님이 탄생하실 때 누가복음 2장을 보면 '시므온과 안나'를 통해 기도하게 하셨다. 그것은 하나님께서 능력이 부족하기 때문이 아니라 우리를 하나님이 하시는 일에 동참케 하기를 원하기 때문이다. 즉 우리를 동역자로 사용하기를 원하시는 것이다.

기도를 통해서 '일의 주권이 하나님께' 있음을 가르쳐주시고, 기도를 통해서 주님께 '의존하는 방법'을 알게 해주시고, 기도를 통해 '응답받는 것의 주인이 하나님'이란 것을 가르쳐 주신다.

성서를 보면 아브라함이 기도를 통해 삼대 축복을 받았다고 했다.

첫째 기도를 통해 아들을 주시며, 둘째 큰 민족을 이르게 하시고, 셋째 복의 근원이 되게 했다. 이삭의 기도를 통해 야곱을 주셨다. 야곱의 기도를 통해 12지파가 큰 민족으로 성장했다.

사람이 일만 하면 사람이 혼자 일할 뿐이지만 사람이 기도하면 하나님이 함께한다. 이것이 웨슬리가 중보기도의 중요성을 강조한 이유이다.

우리와 함께 일하는 순회선교단 대표인 김용의 선교사는 24시간, 365일 연합 연속 기도하는 운동을 금년 1월부터 시작하였는데 이것이 세상을 움직이는 운동이요 원리이다.

잘 알다시피 18세기 독일 복음주의 운동에서 활약한 사람은 모라비안 교도들의 리더인 니콜라스 루드비히 진젠도르프이다. 그는 1719년에 중생했는데 여기에는 중요한 체험이 있었다. 미술관에서 한 그림을 보았다. 그 밑에는 이런 글이 기록되어 있었다. '나는 너를 위하여 이 모든 것을 하였노라. 그러나 너는 나를 위하여 무엇을 하였느냐?'

필자도 고등학교 일학년 때에 부흥회 마지막 날 통성기도를 하는 가운데 주님의 피 흘리는 면류관과 음성을 듣고 회개하여 중생했다. 그때의 음성은 '난 너 위해 몸 버려 피 흘렸건만 너는 나를 위해 무엇을 주느냐'는 것이었다. 진젠도르프도 그림 한 장에 가슴이 뜨거워지면서 '나는 예수를 위해 살고 그와 같이 죽겠습니다.'라고 결심하게 되었다. 여기에서 역사의 변화가 일어났다. 이처럼 역사의 변화는 기도를 통해서 일어난다.

형제단의 배경은 다음과 같다. 1722년에 가톨릭의 개신교 탄압을 피해 독일의 드레스덴의 진젠도르프 백작의 영지로 백여 명이 찾아왔다. 그때에 진젠도르프는 이들에게 자기 땅인 삭소니의 Hernhut를 내어주면서 지도자가 되었다. 이렇게 역사는 희생에서 시작된다.

이들이 바로 모라비안 형제들(Moravian Brethren), 독일어로는 형제단(Hernhuter Brudermeine), 보헤미아에 등장한 복음주의자들이다. 여기서 주목할 것은 이들의 공동체 의식과 기도뿐 아니라 유가 공품 제조 등의 '노동을 통한 그리스도인의 직업윤리를 실천'을 한 점이다. 노동은 신성한 예배행위와 같은 것이다.

지금도 웨스트민스터 사원에 기록된 웨슬리의 명언을 우리 모두 기억할 수 있기를 바란다. The best of all is God is with us. I look upon all the world is my parish. 놀라운 것은 형제단들이 요한 웨슬리에게 준 영향이다. 웨슬리는 1736년에 북미 원주민에게 전도하러 가던 중 대서양에서 배를 탔다. 폭풍이 몰아치는 가운데도 같은 배에 탄 모리비안인들이 시편을 통해 하나님을 찬양하는 모습에 놀랐다. 웨슬리가 "당신들은 폭풍이 두렵지 않느냐"고 묻자 그들은 웃으면서 이렇게 대답했다. "하나님이 살아계셔서 역사하는데 무엇이 두려우냐"고 반문했다고 합니다. 그때에 그들은 웨슬리에게 "개인적인 그리스도를 믿느냐?"고 물었다고 합니다. 그래서 웨슬리는 중생의 체험을 했다고 고백한 글을 읽은 적이 있습니다. 후에 성서의 묵상과 기도와 성만찬과 성화를 통한 하나님과의 교제를 추구하는 감리교 운동이 시작되었습니다.

그 후에 필립 스펜너가 일으킨 경건주의 운동이 일어나면서 1793년 윌리엄 케리의 인도 선교, 1807년이 로버트 모리슨의 중국 선교가 일어나면서 선교운동이 일어난 것입니다.

다시 말하면 기독교 역사에서 '기도운동이 일어나면 그 후에는 반드시 경건주의 운동과 함께 선교운동이 일어난다'는 것을 우리는 보아야 합니다.

1. 왜 우리는 기도해야 하는가?

많지만 열 가지면 살펴본다.

(1) 기도는 하나님 사랑의 가장 중요한 표현이기 때문이다.

(2) 지금 전쟁은 사탄과의 싸움이기 때문에 승리하기 위해 기도해야 한다.

(3) 기도는 우리의 비전을 확장시켜주고 자아를 허무는 과정이기 때문이다.

(4) 기도 없이는 하나님으로부터 능력을 받을 수 없고 승리할 수 없기 때문이다.

(5) 기도는 주님의 명령이기 때문에(마6:6, 빌4:6) 기도해야 한다.

(6) 하나님의 뜻을 알기 위해 기도해야 한다. 성서에 하나님의 모든 말씀이 들어 있지만 기도 없이는 성서는 역사하지 않기 때문에 기도해야 한다.

(7) 영혼의 소성과 순종하는 삶을 살기 위해 기도해야 한다.

(8) 하나님의 영광을 위해서 기도해야 한다. 부모가 갓난아이의 종 알거리는 소리에 웃고 기뻐하듯이 하나님께서도 우리의 기도 같지 않은 기도를 통해서도 영광을 받으신다.

(9) 우리의 산만한 생각을 정리하고 영적 세계로 들어가기 위해 기도해야 한다.

(10) 우리가 변화되기 위하여 기도해야 한다. 기도 없이는 변화는 일어나지 않는다.

2. 어떻게 기도해야 하는가?

마6:5절에 보면 기도할 때에 먼저 하지 말아야 할 것을 말씀하고 있다.

(1) "또 너희가 기도할 때에 외식하는 자와 같이 되지 말라"고 경고한 것을 잊지 말아야 한다. 외식하는 자의 기도는 하나님께 드리는 기도가 아니라 사람들에게 들으라고 하는 기도를 말한다.

(2) 둘째는 마6:7절에 "또 기도할 때에 이방인과 같이 중언부언하지 말라"고 했다. 중언부언이란 반복을 하지 말라는 뜻이 아니다. 예수님께서도 감람산에서 기도할 때에 세 번이나 반복해서 기도했기 때문이다. 그러면 중언부언의 기도는 어떤 것인가? '자기의 욕망을 채우기 위한 기도'를 말한다. 그것을 위해 '온갖 아름다운 말로 꾸며서 길게 하는 기도'를 말한다.

(3) 막11:23-24절에 보면 "의심치 아니하면 그대로 되리라"고 기도하고 "구한 것은 받은 줄로 믿으라. 그리하면 너희에게 그대로 되리라"고 했다.

다음으로 기도할 때에 꼭 해야 할 것이 있다.

(1) 요14:13절에 "내 이름으로 무엇을 구하든지 내가 시행하리라"고 했다. 믿는가?

(2) 기도의 방법 중에서 최고의 방법은 산상설교에 나오는 예수님의 주기도의 가르침이다. 먼저 하나님께 대한 기도를 한 후에 우리의 기도를 하는 이 순서를 잊지 말아야 한다. 하나님께 대한 기도는 하나님의 이름이 널리 알려지고, 영광이 되도록 기도하고, 그의 뜻을 나의 뜻으로 삼은 기도를 하는 것이다.

(3) 나의 기도는 마6:33절이 언제나 중심점이다. "너희는 먼저 그의 나라와 그의 의를 구하라. 그리하면 이 모든 것을 너희에게 더하시리라." 바라기는 이번 기회가 내 자신이 변화되고 한국 교회가 변화되고 세계가 변화되는 기도운동의 시작이 되기를 바란다.

기도를 통해 하나님께서 일하신다는 이 간단한 진리를 잊지 말고, 중보기도의 운동이 불일 듯 일어나기를 축원한다. 한국교회는 지금 형식화되어 가고 있다. 다시 살려면 한국교회가 다시 부흥하려면 먼저 죽는 운동부터 시작해야 한다. 우리의 옛 사람이 죽고, 욕심이 죽고 외식이 죽어야 한다. 그것이 바로 회개 운동이다. 여러분들과 여러분들의 교회에 하나님의 영광이 나타나기를 축원한다.

하나님의 계획

우리는 누구나 계획을 세운다. 얼마나 좋은가? 그러나 문제는 그 계획이 하나님의 계획과 충돌이 될 때이다. 그러므로 우리가 아무리 아름다운 계획을 세운다고 할지라도 그것이 하나님의 계획과 일치되지 않는 한 그것은 아무런 열매도 또 의미도 없다. 사실 하나님은 세상을 창조하실 때 우리를 위한 아름다운 계획을 가지고 계셨다. 그런데 이 것이 인간의 죄로 말미암아 깨어지고 말았다. 따라서 가장 무서운 것은 인간의 죄이다. 죄란 교만이며 불신이며 반역이며 불충성인 것이다. 그러므로 우리에게 필요한 것은 이 죄의 문제를 해결하는 길이다. 두 번째로 하나님의 계획을 방해하는 것은 하나님의 뜻에 대한 인간의 무지이다. 셋째는 그것을 알고 있으면서도 행하지 않는 것은 인간의 불충성이다.

호주에 가면 시드니에 루나 고원이 있다. 거기에는 재미있는 놀이가 하나 있는데 그것은 지름이 8미터 되는 접시를 엎어 놓은 것 같은 바퀴를 타는 게임이다. 왁스로 반질반질 칠해서 여간 미끄럽지 않다. 게다가 붙드는 것도 없어서 자칫하면 떨어지기 쉽게 되어있다. 게임이 시작되면 바퀴가 빙빙 돌기 시작한다. 처음에는 천천히 돌다가 점점 빨리 돈다. 마침내 빠른 속도로 돌게 되면 그곳에 탄 사람들이 다 떨어지게 된다. 다행히 그 주변에는 담이 있고 스폰지 방석으로 둘러 쌓여 있어 다치지는 않게 되어 있다. 여기서 보여주는 것은 죄의 성질이다.

즉 멀리 떨어지게 하는 것이 죄란 말이다. 하나님에게서 또 하나님의 계획에서 멀리 떨어지게 하는 것이 죄란 말이다. 이처럼 죄는 하나님의 계획을 방해하는 가장 무서운 원수인 것이다.

그러면 이제 문제는 어떻게 하나님의 계획을 이 땅에 이룩하느냐에 있다. 손자의 병법에도(모사는 재인하고 성사는 재천)이라고 하였다. 잠언에 보면 인간이 마음으로 그의 길을 계획할지라도 그 걸음을 인도하는 자는 여호와시니라고 했다(16:9). 1절에는 마음의 경영은 사람에게 있어도 말의 응답은 여호와께로서 나느니라고 하였다. 그러므로 우리는 하나님의 뜻과 계획에 순종해야 한다. 그러면 어떻게 하나님의 계획을 이 땅에 성취 할 수 있는가? 첫째로 겸손해야 한다. 이사야도 모세도 베드로도 다 겸손 할 때 하나님은 저들을 부르셨다. 그들을 하나님의 종으로 쓰셨다. 그러므로 우리는 무엇보다도 겸손해야 한다. 둘째로 하나님께 대한 절대적인 신앙을 가져야 한다. 신앙은 무능한 자를 능력 있게 만든다. 그래서 히브리스 11장에 보면 이십 여명의 신앙의 용사의 이름이 나오고 이들이 믿음으로 말미암아 세상을 이긴 내용이 나옵니다. 이처럼 신앙은 모든 것을 가능하게 한다. 그래서 예수님은 할 수 있거든이 무슨 말이냐 믿는 자에게는 능치 못할 일이 없느니 라고 했고 바울은 능력주시는 자안에서 모든 것을 할 수 있느니 라고 하였다. 셋째는 말씀에 대한 지식이 있어야 한다. 넷째는 충성을 할 때 하나님의 뜻은 이루어진다. 끝으로 바라기는 하나님의 영원무궁하신 뜻을 발견하여 그 뜻에 순종하므로 개인적으로는 행복하고 의미 있는 삶을 살고 사회에 큰 공헌을 남기기를 바란다.

형제들아, 우리가 어찌할꼬?

㈜ 기독교신문 3면 '정론'란에

제정 러시아가 위기에 처했을 때 톨스토이는 "형제들아, 우리는 어찌할꼬?"하면서 위기를 알렸다. 한국이 박정희 독재로 인해 민주주의가 죽어 가고 있었을 때에도 함석헌 선생은 "형제들아, 우리가 어찌할꼬?"하면서 외쳤다. 그 외침은 당시에는 광야에서의 세례 요한의 외침처럼 아무도 듣는 사람이 없는 것처럼 보였다. 그러나 그 소리는 지금도 살아서 우리의 양심의 귀에 메아리쳐 오고 있다. 바람이 불 때마다 들려온다. 진리는 결코 죽지 않기 때문이다.

지금 한국은 총체적 위기에 놓여 있다. 대통령 탄핵으로 인한 정치적 위기와 계속되는 불경기로 인해 실업자들의 증가와 사회적으로 보수와 개혁의 대립으로 인한 갈등의 골이 과거 어느 때보다도 깊은 상황이다.

그러면 우리는 어떻게 해야 하나? 먼저 형제들아 우리가 어찌할꼬? 하는 부르짖음이 있어야 한다. 위기를 알아야 해결도 있다. 그 해답을 베드로는 이렇게 외쳤다. "너희가 회개하여 각각 예수 그리스도의 이름으로 세례를 받고 죄 사함을 얻으라. 그리하면 성령을 선물로 받으리니"(행2:38). 회개란 말은 너무도 많이 듣는 말이어서 별로 새롭게 들리지 않을 것이다. 그러나 이것은 종교인은 물론 일반 사람들에게도 해당하는 아주 핵심적인 말이다. 여기서 말한 메타노이라(Metanoia)란 말은 방향의 전환을 의미하는 말이다. 지금까지 걸어온 길을 180도 방향을 전환시키는 것을 말한다. 지금까지 정치인들은 일반 대중에 대해서는 한 표 이상으로 생각지 않았으며 합바지로 취급했다. 선거 때를 제외하고는 별로 관심이 없었다. 일반 서민들이 주인이고, 그들이 왕이란 사실을 잊고 살아왔다. 물론 국회가 대통령을 탄핵하는 권한이 있는 것은 사실이지만, 그러나 그것은 국민의 뜻일 때 하는 것이지 다수라고 함부로 하는 것은 아니다. 왜냐하면 그 탄핵이 국민의 뜻과 다를 때에는 국민들의 탄핵이 따르기 때문이다. 이번에도 선거 때만 아니었다면 그냥 뭉개고 말았을 것이다. 그러나 이제 며칠 후면 국민의 준엄한 심판이 있게 된다. 놀라운 것은 지금 국민들의 정치적 안목과 그 수준이 정치가를 앞서고 있다는 점이다. 그러므로 늦기 전제 모든 지도자들은 회개해야 한다. 방향의 전환이 있어야 한다. 정치가는 물론 빛과 소금이 되지 못한 종교적 지도자들도 이제 방향의 전환을 해야 할 때가 왔다. 그러면 이번 위기는 오히려 기회가 될 것이고, 민족 통일을 위한 전환점이 될 것이다.

우리의 당면한 위기와 해결방법

1. 왜 우리가 오늘 모여서 기도하는가? 이유가 분명해야 한다. 그것은 지금 우리가 '큰 위기'에 처해 있기 때문이다. 우리는 지금 총체적 위기에 처해 있다. 재미있는 것은 위기라는 한자의 뜻이다. 危機 여기서 '위'란 위험이란 뜻이고 '기'란 말은 기회란 말이다.

우리는 지금 크게 다섯 가지의 위기에 놓여 있다.

(1) 첫째는 갈등과 분열의 위기이다. 우리의 갈등을 해결하기 위해서 박근혜 대통령을 탄핵해서 쫓아내고 문재인을 대통령으로 뽑았다. 그러나 지금 갈등과 분열이 해결된 것이 아니라 오히려 더 심해졌다. 촛불집회 후에 데모가 40%나 증가했다. 지금 한국에서는 계급투쟁이

벌어지고 있다. 나는 주로 지하철을 타고 버스는 광화문 지나가는 것은 안 탄다. 데모하지 않는 날이 거의 없기 때문이다.

(2) 두 번째는 경제적 위기이다. 달러 값이 계속 올라가 난리인데 문제는 기업과 가정과 정부가 지금 지고 있는 부채가 3,783조원(전 국민이 3년간 한 푼도 안 쓰고 갚아야 할 만큼의 큰돈이다). 물론 경제도 성장하지만 실상은 성장의 궤도를 완전히 이탈했다. 빈부의 격차, 인구의 고령화까지 앞으로 많은 기업들이 도산할 것이고 가정들이 뿔뿔이 살길 찾아 흩어질 것이다.

(3) 세 번째로 가장 큰 위기는 청년의 위기이다. 청년 실업이 100만이 넘어가고 있다. 그런데다 소비심리가 장기 불황으로 이어지고 있다. 대학 들어가기 위해 사교육비가 얼마나 많이 들어가는가? 그래서 소위 일류대학에 들어가면 기뻐하고 난리인데 문제는 취직 못한 일류대학이 무슨 소용 있나? 더욱 기막힌 것은 취업한 사람들도 비정규직이 너무 많다. 청년들이 일할 기회가 없는 나라에 무슨 희망이 있는가? 취직해도 은행에서 융자하여 공부한 사람들은 취직해도 그것을 갚을 길이 없다. 결혼은 생각도 못할 정도다. 자식들에게 왜 결혼하지 않느냐고 재촉하지 말아야 한다. 청년들은 자살할 정도다. 왜 자살률이 세계에서 제일 높은가? 취직이 되어도 60에는 거의 은퇴하는데 수명이 길어져서 앞으로는 100세는 보통이다. 그러면 앞으로 적어도 40년간은 무엇을 먹고 살 것인가? 지금 청년들은 56.4%가 결혼이 아닌 동거를 택하고 있다.

(4) 네 번째 위기는 우리의 경제체제인 자본주의가 수명을 다 했다는데 있다. 세계는 그동안 중앙관리체제의 공산주의와 시장경제의 자본주의로 양분되어 있었으나 이미 공산주의는 러시아가 소비에트 연방국을 포기하면서 공산주의는 이론상으로 이미 죽었다. 중국도 경제는

자본주의를 따르고 있고 북한도 중국을 모방하려고 하고 있다.

　그런데 문제는 우리의 경제체제인 자본주의가 수명을 다해서 앞으로 세계는 대수술을 해야 살게 되어 있다는데 있다. 현재의 자본주의는 14가지 큰 문제를 안고 있다. 경제 세미나가 아니기 때문에 자세히 말할 수는 없고, 세 가지만 말하겠다. 첫째, '빈곤 해결책'이 없다. 둘째로 '불평등이 더욱 심해질' 것이다. 셋째로 '자동화로 인해 일자리가 없어진다'. 앞으로 많은 분야의 일자리는 로버트가 반 이상 차지하게 될 것이다. 사람들은 계속해서 '개인주의와 사리사욕에만 집중'하게 될 것이다. 그래서 필립 코틀러를 비롯한 많은 전문가들은 이미 자본주의는 죽었다고 말한다. 한 가지 확실한 것은 '자본주의에는 행복이 없다'는 점을 알아야 한다. 왜냐하면 충분한 고용과 경제 성장률이 달성할 수 없는 영속적인 경기 침체를 가져왔기 때문이다. 자본주의 체제에서 잘 사는 방법은 두 가지밖에는 없다. 재벌의 자녀로 태어나 상속을 받거나 아니면 정치와 결탁해서 사기를 치는 빌 밖에 없다.

　물론 자본주의만으로 안 되기 때문에 문재인 대통령이 사회주의적인 것을 가미하여 해결하려고 하지만 그것은 더 안 된다. 결국 대기업도 깨지고, 중소기업도 깨지고, 시장경제도 깨지고, 모두 깨진다. 그러므로 우리는 대통령을 위해서 기도해야 합니다. 지금 북한에 나가고 있는 경제력 손실이 천문학적인 것은 알고 있는가? 대통령이 미워도 그분을 위해 기도해야 산다.

　지금 한국은 투자부진으로 인해 새해의 성장률을 얼마로 잡았는지 아는가? 정부는 2.7%이라고 하지만 한국개발연구원에서는 2.6%로 발표했다. 한국은 3%가 되어야 현상 유지인데(매년 오르는 인플레 등을 감안한 것) 이것은 마이너스 성장이란 뜻이다. 지금 IMF 때보다 더 어려워지고 있다고 한다. 이것이 위기가 아니고 무엇인가?

그런데 더 큰 문제는 우리나라의 상속세가 65%라는 데 있다. 세계에서 가장 높다. 스위스나 스웨덴이나 호주 같은 나라는 하나도 없다. 왜 한국에만 이렇게 높은가? 그것은 재벌들을 다 탈세와 정경유착으로 돈을 벌었다고 보기 때문이다. 따지고 보면 정경유착의 죄는 대기업과 정부가 함께 저질러 놓고 재벌만 법적으로 다스리는 것이다. 그래서 삼성 같은 기업은 상속세를 다 낼 경우 결국 한국에서 기업을 할 수 없어 미국과 인도와 베트남으로 갈 것이란 소문 이상의 근거가 있다. 삼성의 본사가 외국으로 이전하면 우리나라의 GDP의 20%(220조)가 줄어든다.

　게다가 최근에는 대기업은 협력사인 중소기업과 이익을 나누라고 정부가 개입하고 있다. 물론 대기업은 중소기업에게 이익을 분배해야 한다. 그러나 그것을 권력으로 조정하면 우리나라의 시장경제가 무너진다. 시간이 걸려도 설득을 해야지 권력으로 하면 더 큰 문제가 생긴다. 그런데 내년 예산이 9.7% 증가시키고 있는데 이건 큰일이다. 나도 10%의 세금을 더 내야 하는데 어떻게 감당해아 할까?

　내가 걱정하는 것은 지금 대기업의 대부분이 다 같은 문제를 안고 있고, 심지어 한국의 괜찮은 중소기업의 30%도 매물로 내놓고 있는 형편이다. 물론 정부가 지금의 오너들을 다 버릇을 고치려는 계획을 가지고 있지만 결국 전문 경영인으로 가겠다는 것인데, 그럴 경우 국민연금이 모든 권한을 차지하게 되는데 문제는 거기에는 노조가 힘을 가지고 있다. 그렇지 않아도 노조로 인해 사업하기가 힘드는데 대기업이 다 이렇게 넘어가면 한국은 다시 후진국이 되고 말 것이다. 나는 지금 대기업들이 회개해야 한다는 데는 이의가 없지만 그것을 권력으로 해결하려고 한다면 결국 시장경제도 무너지고 자본주의도 무너진다.

　그런데 이해 못할 것은 지금 북한에 평화를 내세워 구걸하고 있는 점이 옛날 송나라가 돈으로 평화를 구걸하다가 금나라, 나중에 원아라 하고 했는데 결국 송나라의 망하는 꼴을 닮을까 봐 두렵다.

미국에서는 90년대에 집 없는 사람들에게 금융기관을 통해서 모기지 제도로 싸게 돈을 빌려주어 많은 사람들이 집을 살 수 있도록 하고는 그 후에 은행들이 금리를 왕창 올려서 많은 사람들이 결국 집을 잃고 망했다. 지금은 매달 50만 명씩 일자리를 잃고 있다. 예언한 대로 자본주의는 국민들의 피를 빨아먹은 흡혈귀가 되고 만 것이다. 그렇다고 사회주의로 돌아가면 살 수 있는가? 사회주의는 중앙에서 경제를 관리하기 때문에 결국 중국처럼 독제국가가 된다. 더 위험한 것이다.

(5) 다섯 번째 위기는 한국이 지금 GMO(Genetically Modified Organism: 유전자 변형 농산물) 세계 1위 수입국인데 그 중독으로 인해 자살률이 높아지고 각종 질병이 많아지고 불임으로 인해 인구가 급강하 하기 시작하고 있기 때문에 백년 안에 대한민국이 지도에서 없어질지도 모른다는 경고가 나왔다.

2. 그러면 그 해결책은 무엇인가? 죄송한 얘기지만 없다.

있다면 페스시아 시대에 하만이 모든 유대인들을 다 죽이려고 했을 때처럼 하나님께 매달리는 길밖에는 없다. 우리도 이제 남은 것은 에스더처럼 "죽으면 죽으리라"(에4:16)하는 결사적인 자세로 하나님 앞에 매달려 나라와 이 민족을 살려달라고 기도하는 길밖에는 없다. 하나님으로부터 해답을 받아야 한다.

또 다른 예는 미스바의 회개운동(삼상7:7-12)을 해야 한다. '미스바'란 말은 '파수대'란 뜻이다. 적의 실정을 보고 안에 있는 우리 백성들의 문제를 살피는 곳이란 뜻이다. 성경을 보면(삼상7:9) "사무엘에 이스라엘을 위하여 부르짖으매 여호와께서 응답하셨더라"고 했다. 그것이 한 방법이다.

감사하게도 우리에게는 모든 것을 해답을 주는 성경책이 있다. 그 안에 모든 해답이 기록되어 있다. 그러므로 오늘날 하나님께 함께 부르짖어야 한다. 왜냐하면 하나님께서는 모든 것의 해결자이시기 때문에 어린애처럼 울고 부르짖으면 해결의 길이 열릴 줄 믿는다. 에스더처럼 부르짖으면 살리라. 부르짖으면 살리라. 왜냐하면 시81:10절에 입을 크게 열면 산다고 했기 때문이다.

가상칠언

1) 눅23:34절 "아버지여 저희를 사하여 주옵소서 자기의 하는 것을 알지 못함이니이다."

스데반도 같은 기도를 하였다. 십자가상에서의 최대의 사랑을 표현한 것이다. 인간의 범죄는 무지에서 오는 경우가 종종 있다. 그러므로 우리는 하나님의 뜻을 알아야 한다.

(2) 눅23:43절 "오늘 네가 나와 함께 낙원에 있으리라."

구원의 때는 '오늘'이다. 낙원이란 본래 왕궁의 정원을 뜻하는 말이다. 70인 역에는 에덴동산을 의미한다고 번역되었는데 이것은 구원의 표현이다. 여기서 우리는 주님의 영혼구원의 열정을 볼 수 있다. 구원의 약속은 회개하는 자에게 주신다.

(3) 요19:26-27절 "여자여 보소서 아들이니이다."(요한은 한 번도 마리아의 이름을 언급하지 않는다). "보라 네 어머니라."

십자가 위에서도 모친에 대한 효도를 잊지 않으셨다. 요셉은 이미 타계한 뒤이기 때문에 어머니만 맡긴 것이다.

(4) 마27:46절에 "엘리 엘리 라마사박다니."

시편 22:1절 다윗의 기도에서 인용하였다. 이 고통은 배신의 고통이요 아버지와의 단절에서 오는 고통이요, 세상의 모든 죄를 지고 가는 무거움에서 오는 고통이다.

(5) 요19:28절에 "내가 목마르다."

이 말씀은 세 가지의 의미가 있다.

첫째 예수님의 인성을 증명한다.

둘째 시편의 말씀(시69:21)의 예언의 성취를 말한다.

셋째 그가 목마름으로 우리에게는 생수가 되심을 말한다.

(6) 요19:30절에 "다 이루었다."

끝났다, 성취하였다는 뜻이다. 즉 우리의 구원과 그의 사역이 완성되었다는 뜻이다.

(7) 눅23:46절에 "아버지여 내 영혼을 아버지 손에 부탁하나이다."

시편31:5절의 인용이며, 당시 어린 아이가 잠자기에 들어가기 전에 드리는 기도다.

잃어버린 것을 찾자

이번 집회의 총 제목을 '잃어버린 것을 찾자'는 것으로 세웠다. 한 번 '따라 합시다'(세 번 반복). 왜 잃어 버렸는가? 버렸기 때문이다. 왜 버렸는가? 귀한 줄 몰랐기 때문이다(다이아몬드와 초콜릿을 바꾼 흑인 소년처럼)

그러면 현대인들이 잃어버린 것이 무엇인가? 첫째는 자기 자신이고, 둘째는 가정이고, 셋째는 이웃이고, 넷째는 하나님이다. 이것을 회복하려면 먼저 새 생명을 얻어야 한다. 새 생명을 찾으면 자기 자신도 찾고, 가정도 찾고, 이웃도 찾고 하나님도 찾게 된다.

"믿습니까?"

오늘은 우리가 잃어버린 것 중에 가장 중요한 행복을 중심으로 '행복과 새 생명'이란 제목으로 함께 은혜를 나누려고 한다.

행복과 새 생명(요10:10)

1. 도입

인간은 행복을 추구한다. 인간이 하는 모든 것이 다 이 행복을 얻기 위해서이다. 그러나 행복보다 불행이 더 많은 것은 (1) 행복이 무엇인지 모르기 때문이고, (2) 그것을 어떻게 얻는지를 모르기 때문이다. 오늘은 그것을 찾기로 하자.

2. 행복이란 무엇인가?

행복을 영어로 happiness라고 한다. happening이란 말에서 유래했다. 우연히 온다는 뜻이다. 그래서 옛날 사람들은 운명이란 여신은 눈이 멀었다고 믿었다.

한국 사람들은 복의 종류를 5가지로 보았다. 수·부·강녕·유호덕(혹은 귀하게 되는 것)·고종명(제 명대로 살다가 편히 죽는것)이라고 보았다.

이번에 하와이에 가보니 펠레란 여신이 진노할 때 화산이 터진다고 믿었다고 기록한 것을 보았다. 인간의 선악과는 전혀 관계가 없다는 것이다. 또 오늘날의 많은 사람들은 행복은 많은 것을 소유하는 데서 행복이 온다고 믿고 있다. 돈·지식·명예·권력 등. 그러나 그것도 아니다. 왜냐하면 미국의 최고의 갑부인 휴즈나 노벨문학상을 받은 헤밍웨이나 세계 모든 남자들의 선망의 대상이었던 최고의 미인 마릴린먼로가 그것을 입증해 주기 때문이다.

그러면 행복은 언제 오는가?

마5장에 보면 8복이 나오는데 그것은 우리가 말하는 그런 복이 전혀 아니다. 간단히 말하면 "인간의 행복은 인간의 근본 문제를 해결할 때 부산물로 오는 것이다" 즉 죄와 죽음과 의미의 문제를 해결할 때 온다.

3. 행복의 비결

(1) 죄의 문제를 해결하면 행복이 온다. 죄는 하나님과의 관계를 끊어 놓았다. 죄책감을 느끼게 하고, 마지막에는 지옥의 형벌을 받게 하기 때문이다.

그러면 죄란 무엇인가? 헬라어로 Hamartia라고 한다. 활을 쏠 때 명중시키지 못하고 넘어가거나 모자라는 것을 말한다.

어떻게 죄의 문제를 해결하나? 학교·법·경찰·감옥 그 무엇으로도 해결하지 못했다.

첫째로 죄를 해결하는 방법은 예수님의 피밖에 없다. 찬송가 184장 "나의 죄를 씻기는 예수의 피밖에 없네. 다시 성케 하기도 예수의 피밖에 없네."

그러나 이 보혈을 나와 연결시켜 주는 것은 오직 믿음을 통해서이다. 찬송가 343장 "울어도 못하네, 힘써도 못하네, 참아도 못하네." 4절에 "믿으면 하겠네. 주 예수만 믿어서 그 은혜를 힘입고 오직 주께 나가면 영원 삶을 얻네."

믿음이란 무엇인가? 꼭 붙드는 것, 액면 그대로 받아들이는 것, 나의 모든 것을 그에게 내어 맡기는 것(예: 간하배 선교사의 경우= 머리에 짐을 이고 가는 여인처럼)이다.

중요한 것은 죄의 문제를 해결하면 참 자유를 얻는다. 인간은 참 자유을 얻을 때 행복해진다. 인류의 역사를 보면 자유를 찾기 위해 생명을 바쳐 왔다. 그래서 페트릭 헨리는 "자유가 아니면 죽음을 달라"고 한 것이다.

요8:32절에 "진리를 알지니 진리가 너희를 자유케 하리라" 무엇이 우리를 자유케 한다고? 진리이다. 그러면 진리가 무엇인가? 요14:6에 "나는 곧 길이요 진리요 생명이니"라고 했다. 주님이 바로 진리이다.

(2) 죽음의 문제를 해결하여 새 생명을 얻어야 행복해진다. 찬송가 493장, 1절 "나 이제 주님의 새 생명 얻은 몸 옛것이 지나고 새 사람 이로다. 그 생명 내 맘이 강 같이 흐르고 그 사랑 내게서 해 같이 빛난다."

어떻게 죽음의 문제를 해결하는가?

요11:25-26절, "나는 부활이요 생명이니 나를 믿는 자는 죽어도 살겠고, 무릇 살아서 나를 믿는 자는 영원히 죽지 아니하리니 이것을 네가 믿느냐." 요14:6절, "내가 곧 길이요 진리요 생명이니 나로 말미암지 않고는 아버지께(행복)로 올 자가 없느니라."

진시황제의 경우(만리장성을 쌓고, 아방궁을 짓고, 불로초를 찾았으나 장수는커녕 49세에 죽고 말았다.) 진시황제는 모든 노력을 했으나 새 생명, 영생을 얻지 못하고 죽었다. 그래서 그는 불행한 사람이 되었다.

여기서 우리가 주목해야 할 것은 새 생명이란 단순히 구원을 받는 것이 아니란 점이다. 요10:10절에 보면 "인자의 온 것은 양으로 생명을 얻게 하고 더 풍성히 얻게 하려는 것이라"고 했다. 그것은 새 생명이란 '풍성한 삶'이란 뜻을 포함하고 있다는 뜻이다. 이런 삶을 살아가기를 축원한다.

(3) 의미의 문제를 해결해야 행복을 느낀다.

언제 의미를 느끼는가? 진리를 깨달을 때 온다. 진리는 바로 예수님이시다.

돈 많은 부자들이 좀 의미 있는 삶을 살기 위해서 돈을 쓴다(현대를 창설한 정주영의 경우. 대통령이 되려고 모든 것을 all-in했다.) 그러나 의미와 보람은 진리이신 예수 그리스도를 믿고 그의 뜻을 이 땅에 실천할 때 온다.

4. 그러나 이것만으로는 안 된다.

3S로 변해야 한다. 지금 시대를 3S(sport. scree. sex)의 시대라고 하는데 진정한 의미에게 3S가 되어야 한다.

첫째, 가진 것을 Sharing(나눔의 생활), 둘째, Serving(섬김의 생활), 셋째, Supplying(하나님의 축복의 도구가 되어)해야 한다.

인간은 관계적 존재이다. 위로는 하나님과의 관계를 바로하고, 밑으로는 사람들과의 관계를 바로 할 때 행복이 온다. 그 비결이 바로 십계명이다. 바른 관계를 가진 사람에게 하나님께서는 새 생명을 주셨다. 무엇이 새 생명인가? 영생이란 말로 표현하는데 첫째는 예수님이 새 생명이고, 둘째는 하나님의 통치를 받는 것이 새 생명이고, 셋째는 천국이 새 생명이다. 모두가 새 생명을 소유하고, 천국 백성이 되어 참 행복한 성도가 되기를 바란다.

나의 중간 결산은?

어떤 교회든지 다 연말에는 결산보고를 하고 새해를 위한 예산을 세운다. 이것은 개인도 마찬가지다. 오늘날 우리 생애의 중간 결산을 해 보면서 남은 시간을 좀 더 보람 있게 후회 없이 보낼 수 있기를 바란다. 축구시합 같은 경기를 보면 중간에 쉬는 시간이 있어서 이기는 팀이든 지는 팀이든 중간의 쉬는 시간에 팀마다 새로운 작전을 세워서 전반전에 부족했던 점을 보완해 승리를 만들어 간다.

이것은 교회도 개인도 마찬가지라고 생각한다. 중간평가는 사람마다 조금씩 형편이 다르지만 확실한 것은 지금은 누구나 다 중간평가 시간이 있기 때문에 그것을 어떻게 이용하느냐에 따라 성공과 실패가 결정된다.

1. 먼저 해야 할 중간 결산 내용은?

경제적인 면에서 결산을 해야 한다. 전체의 수입과 지출이 균형이 잡혀 있는지 아니면 적자인지를 살펴야 한다. 그래서 수입과 지출이 균형이 잡히도록 재조정해야 한다.

다음은 가정적인 면에서 결산을 해야 한다. 가정은 모든 아버지의 목회지이다. 최근에 와서 강조하고 있는 것은 가정사역이다. 아버지가 과연 제사장적 사명을 감당하고 있는지 아내는 남편을 돕는 배필로서 그 역할을 잘하고 있는지 살펴보아야 한다.

교회적인 면에서도 결산을 해야 한다. 각자 맡은 직분을 잘 감당하고 있는지 살펴보아야 한다. 직분자 중에는 협력자와 방관자와 방해자가 반드시 있다. 나는 어디에 속하는가? 끝으로 영적인 면에서도 결산을 해야 한다. 금년에 성경일독의 계획을 잘 진행되고 있는가? 새벽제단을 쌓는 일은 계속되고 있는가? 십일조 생활은 하고 있는가? 이런 것을 중간 결산하는 것이다.

2. 지출이 많은 적자결산을 보완하는 길은 무엇이 있는가?

대부분의 경우 적자 결산이 많다. 그러므로 우리는 그것을 보완해야 한다.

첫째, 자신이 안고 있는 문제의 원인을 분석하고 그 이유를 발견해야 한다. 나의 시간관리가 잘못되고 있는 것은 아닌가? 인간관계는 바로 되고 있는가? 직장과 가정에 균형 있게 활동하고 있는가?

둘째는 자신의 장점과 단점을 점검하고 그것을 하나씩 고쳐나가야 한다. 사람 치고 단점이 없는 사람이 어디 있는가? 반대로 장점도 있다. 그 장점을 극대화시키고 단점은 극소화하도록 노력하는 것이다.

셋째로 중요한 것은 우선순위를 정하는 것이다. 우리의 일을 보면 꼭 해야 할 것, 해도 좋고 안 해도 좋은 것, 해서는 안 될 것의 세 가지가 있다.

그 점을 살펴 수입 지출의 균형을 맞추는 것이 바른 삶이다.

4차산업혁명의 시대에 교회의 역할은?

　물론 지금 4차 산업혁명은 초기단계에 있지만, 그러나 그 속도가 너무 빠르기 때문에 지금 준비하지 않으면 교회는 명목상으로만 존재할 뿐 교회 본래의 사명인 빛과 소금의 역할을 감당하지 못할 것이다. 오늘날 혁신은 우버, 에버비앤비, 알리바바 등의 혁신 기술은 유비쿼터스와 모바일 인터넷, 인공지능과 기계학습을 통해 새로운 세계에 진입했다. 이처럼 세상은 급속도로 발전하고 있는데 지금 한국 교회의 메시지와 방향은 여전히 옛날 그대로 머물러 있다.

　잘 알다시피 지금 세계는 기후변화와 자원 부족과 저출산과 고령화 등 너무 빨리 변하고 있다. 물론 교회의 근본 메시지는 영원하지만 그러나 이 엄청난 변화에 대해 성서의 적용이나 설교가 변하지 않으면 안 된다고 본다. 지금 기업과 사회가 데이터를 소유하지 못한 사람들이 소외되는 양극화가 완화될 수 있도록 교회는 그 해답을 제시해야 한다. 사실 제4차 산업혁명의 파괴적 변화에 어떻게 동참해야 할 것인가를 교회는 보여주어야 한다.

　이번 제4차 산업혁명은 과거에 있었던 세 번에 걸친 산업혁명과 분야에 있어서 그 속도와 범위가 비교가 되지 않는다. 제1차 산업혁명 (1760-1840)은 철도 건설과 증기기관의 발명을 바탕으로 기계에 의한 생산을 이끌어냈다. 제2차 산업혁명(19세기말부터 20세기 초)은 전기와 생산조립의 출현으로 대량생산의 가능하게 했다. 제3차 산업혁명(1960년대)은

반도체와 인터넷(1990년대)으로 디지털 혁명을 가져왔다.

이제 21세기의 시작과 함께 제4차 산업혁명이 시작된 것이다. 특징은 더 저렴하고, 작고 강력해진 센서, 인공지능과 기계학습이라고 할 수 있다.

이런 시대에 수천 년 전에 기록된 성서가 무슨 큰 도움이 될 것인가라고 생각할 수 있다. 그러나 성서는 우리 인류의 영원한 표준이요 열쇠요 해답인 것을 잊지 말아야 한다. 솔직히 제4차 산업혁명에서도 가장 중요한 것은 인간 자신이며 그래서 성서는 영원한 해답이 된다.

최근 우리나라에서 사회문제가 되고 있는 비트코인은 그 광풍을 끄려고 국회와 정부와 안달이 났지만 중요한 것은 그 바람을 잠재우려고 하지 말고 우리는 그것이 바른 방향으로 가도록 유도해야 한다. 잘 아는대로 비트코인과 디지털 화폐는 분산된 방신으로 거래를 기록해 신뢰성을 높인 '블록체인'이란 분산식 메커니즘에서 비롯되었다.

현재 블록체인인 비트코인의 총 가치는 200억 달러 정도로 추산된다. 비트코인의 긍정적인 면은 첫째로 금융서비스가 필요한 일정 수준에 도달했기 때문에 신흥시장이 필요하다는 점이다. 둘째는 서비스와 교환이 직접 이루어지기 때문에 금융의 탈중개화가 이루어진다는 점이다. 다음은 블록체인이 기본적으로 모든 거래가 저장되는 글로벌 거래 원장 역할을 하기 때문에 투명성이 증가된다는 점이다. 앞으로 10년 이내에 세계인구의 반 이상이 여기에 관계될 것으로 예측된다.

그러나 비트코인으로 인한 부정적 요소도 있다. 첫째 저축감소로 인해 실직 이후의 회복력이 저하되고, 둘째는 시스템 내 투자 가능한 자본이 줄어든다. 셋째는 공유경제라는 회색규모의 규모를 측량하기 어렵다는 문제가 있다. 넷째는 재산과 자산의 소유권에 대한 인식이 변한다. 다섯째는 저축이 줄어들 것이다. 여섯째로 그 동안의 과세는 소유와 판매에 기반했지만 비트코인에서는 활용에 기반하기 때문에 과세 제도가 쉽지 않다는 점이다. 이것이 한국 정부의 고민거리다.

이제 제4차 산업혁명의 시대에 교회는 인간의 행복은 인간이 인간답게 사는데 있으며, 하나님의 아들이며 우리의 구세주인 예수 그리스도를 통하지 않고는 불가능하다는 점을 계속해서 전하고 교육시켜야 할 것이다.

가난한 자는 복이 있나니

내가 누가복음 6:20절에 있는 가난한 자가 복이 있다는 이 말씀을 깨닫기까지는 많은 세월이 흐른 뒤였다. 남보다 철이 늦게 난 셈이다. 물론 나는 가난하였기에 이것을 극복하기 위해서 공부했고, 학위도 받았다. 한때는 돈에도 큰 관심을 가졌었다.

하지만 있어서 위험한 것보다는 없어서 불편한 것이 낫다는 것을 깨달았다. 부자들에 대한 수많은 경고의 이유를 발견했기 때문이다. 돈의 가장 큰 문제는 교만해진다는 것과 하나님 없이도 살 수 있다는 착각 때문이다.

건강의 비결

요즈음 가장 큰 관심은 건강문제이다. 나도 별 수 없이 건강에 관심을 가진다. 그런데 내가 건강의 비결을 발견한 것은 최근의 일이다. 무엇보다도 하나님이 많이 만든 것은 많이 먹고 적게 만든 것은 적게 먹는 것이다.

공기와 물과 과일과 채소가 많기 때문에 많이 먹으면 틀림없이 건강에 좋다. 하나님이 적게 만든 금, 다이아몬드 같은 것은 욕심을 내지 않는다. 돈은 일만 열심히 하면 저절로 따라오기 때문에 구태여 관심을 가지지 않고 산다.

세상에 두고 갈 것들은 욕심을 내지 않고, 죽은 후에 하나님께 가지고 갈 보고서와 함께 꼭 가지고 갈 것들만 챙기면서 살면 건강은 저절로 온다.

가난할 때와 부할 때

인간이 살다보면 가난할 때도 있고 부할 때도 있다. 가난할 때는 불편할 뿐 아니라 사람대접 받지 못하는 것이 가장 가슴 아프다. 그러나 정작 위험은 부할 때에 온다. 건강도 부할 때에 더 문제가 있다. 먹지 말아야 할 것을 지나치게 먹기 때문에 성인병에 걸릴 염려도 많고, 무엇보다도 세상일에 바빠서 주님을 잊어버리기가 쉽다.

돈이란 있으면 써야 하고 쓰려면 바쁘게 된다. 그래서 주님은 사람이 두 주인을 섬길 수 없음같이 물질과 하나님을 겸하여 섬길 수 없다고 경고하신 것이다. 그러므로 우리는 가난할 때에 감사하고, 부할 때에 나는 관리인이란 생각을 가지고 검소한 생활을 하는 것이 가장 행복한 삶이다.

교회가 공룡화되지 않으려면

공룡은 강하고 컸지만 결국 역사에서 자취를 감추고 말았다.

유럽의 교회도 아름답고 컸지만, 그러나 지금은 관광객들의 구경거리에 불과하다. 지금 과거에 괄목할만한 부흥을 보였던 한국 교회도 곧 그렇게 될까봐 두렵다.

교회가 공룡화되지 않으려면 먼저 변화에 적응할 줄 알아야 하고 경직성을 극복해야 한다. 그러기 위해서는 사고에 유연성을 가지고 객관적 사고를 해야 한다. 그리고 적극성을 가지고 사회에 참여하고, 섬기는 일을 해야 한다. 이렇게 손을 펴서 나눠주고 섬기며, 주님의 심장과 손을 가지고 이웃을 먼저 생각할 줄 아는 교회는 영원히 이 세상의 빛과 소금으로 남을 것이다.

날카로움과 원만함

인간은 날카로움과 원만함 두 가지가 함께 있어야 성공한다.

사람에게 날카로움이 없으면 관찰력이나 판단력이 부족하게 된다. 그러나 날카로움만 있으면 주변에 어떤 친구도 있을 수 없게 된다. 다 잘라버리게 되기 때문이다. 그래서 날카로움과 함께 필요한 것이 원만함이다.

더욱이 많은 사람을 거느려야 하는 지도자에게는 이 원만함이 절대적으로 필요하다. 그러나 원만함만으로는 일을 추진해가는 추진력이 없다. 이 원리는 마치 칼은 잘 들어야 하지만 함부로 쓰지 않고 잘 보관할 줄 아는 안전장치가 절대적으로 필요한 것과 같은 것이다. 그래서 인간은 날카로움과 원만함, 두 가지가 다 필요한 것이다.

농사를 지으면

인간은 흙냄새를 맡아야 건강해진다. 그런데 도시화로 인해 시멘트 문화가 들어오면서 땅도 사람도 병들기 시작했다. 그래서 때때로 시골로 가서 흙냄새를 맡으면서 지나면 몸도 건강해지고 마음도 건강해진다. 나는 본래 농촌출신이라 시간이 있으면 가끔 부모님이 농사짓는 시골에 가서 잡초도 뽑고, 흙냄새도 맡으면서 지낸다.

작은 땅이지만 농사를 지어보는 것이다. 은퇴하면 조용히 시골에서 지낼 수 있기 위해 준비도 한다. 농사를 지으면 사람이 단순해지고, 순박해진다. 나는 흙처럼 살다가 흙처럼 사라지고 싶다.

대장장이와 연장

지금은 용인의 민속촌에나 가야 볼 수 있는 것이지만 예전에는 대장간에서 대장장이들이 풀무 불에 쇠를 달구어 여러 가지의 연장을 만드는 것을 흔히 볼 수 있었다.

낫, 호미, 괭이, 끌 등 시골에서 필요한 연장들은 땀을 흘리며 무엇이나 만들어내는 대장장이들이 그것들을 만드는 것을 보면 쇠붙이를 불에 달구어 망치로 그가 원하는 모양이 될 때까지 때려서 만든다.

한 번에 만드는 것이 아니고 몇 번이고 불에 넣었다가 끄집어내서 두들기고, 물에 넣었다가 다시 불에 넣고 이렇게 여러 번 반복하여 원하는 연장을 만드는 것이다. 이 법칙은 하나님도 마찬가지이다. 때로 하나님께서는 우리를 시련과 고통의 불속에 넣었다가 끄집어내 망치로 두들기신다.

그리하여 그의 원하는 연장으로 만들어 하나님의 거룩하신 뜻을 이 땅위에 이루어 가시는 것이다.

들러리 인생

나는 내 인생을 들러리만 서다가 죽고 싶다.

궁극적으로는 주님의 일에 들러리를 서고, 세상에서는 남들이 영광을 얻도록 들러리를 서고 싶다. 세상의 모든 문제점이 모두들 주인공이 되려고 하고, 제각기 영광을 얻으려고 하는데 있기 때문이다.

들러리를 서려면 거기에도 철학이 있어야 한다. 수고는 내가 하고, 영광은 주님이 받으시고, 유익은 다른 사람들이 받게 해야 한다. 그러나 들러리를 설 때에도 기쁨은 있다. 주님이 알아주시겠지, 언제인가 역사는 밝혀지겠지 하는.

한 알의 밀알의 비유를 말씀해주신 주님께서 그 다음에 하신 말씀은 들러리 인생의 소망을 갖고 있는 내게 많은 위로를 주신다.

"나 있는 곳에 나를 섬기는 자도 거기 있으리니 사람이 나를 섬기면 내 아버지께서 저를 귀히 여기시리라"(요12:26)

마음이 시원해지는 비결

화가 났을 때 욕을 하면 마음이 시원해진다.

그러나 얼마가 지나면 양심의 가책으로 더 괴로워진다. '차라리 아무 말도 하지 말 것을 내가 참지를 못했구나.' 생각되면 견딜 수 없게 된다. 그러나 그 놈은 욕을 먹어도 싸다고 아무리 자기합리화를 해도 후회는 계속된다.

그러나 남을 칭찬했을 때에는 정말 시원함을 느낀다. 상대방이 기뻐하는 얼굴을 보아서 시원하고, '역시 내가 참 잘했어' 하는 생각이 들어서도 시원하다. 그러나 가장 큰 시원함은 나의 잘못을 회개하고, 상대방에게 사죄를 하고 난 후이다. 당장은 창피하지만 용기를 내어 용서를 빌면 정말 마음이 시원해진다. 이 시원함은 조금만 용기를 가지면 누구나 얻을 수 있는 시원함이다.

모래시계는 멈추었지만

　모래시계란 신드롬이 생길 정도로 우리 사회를 강타했던 모래시계란 영화가 끝난 지 오래 되었다.

　'이것이 끝나면 무슨 재미로 살까?' 하고 염려하던 사람들도 언제 그런 일이 있었냐는 듯이 잘만 살아간다. 도대체 어떤 영화길래? 하는 궁금함이 있었지만 다른 사람들은 이제 거의 잊어가고 있는 며칠 전 겨우 비디오로 모래시계를 보게 되었다.

　영화를 보면서 아니 어떻게 그렇게 폭력을 미화하고, 우연의 연속으로 된 엉터리 영화가 그처럼 많은 사람의 인기를 끌었는지 생각해 보았다. 한 가지 확실한 것은 무언가 조금은 우리의 마음을 시원하게 대변하여 주었다는 점이다.

　그러나 이것으로 끝나면 안 된다. 모든 사람 속에 잠재의식으로 남아 있는 모래시계의 주인공들 같은 가슴앓이는 누군가 치유해주어야 하기 때문이다. 누가 고양이 목에 방울을 달 것인가? 그분이 우리를 위하여 생명을 버림을 아는 자만이 형제를 위하여 자기의 생명을 버릴 수 있을 것이다.

사랑

　사람과 사랑은 그 어원이 같다고 한다.

　독일어나 영어를 보아도 어원이 같은 것을 아라 수 있다. 그런데 우리는 서로 사랑하지 못하고 서로 미워하는 경우가 많다. 그러나 사랑하지 않는 순간은 살았다 하는 이름은 있으나 실상은 죽어 있는 상태다.

그러므로 인생에 있어서는 그 사람이 얼마나 오래 살았느냐가 아니라 얼마나 많이 사랑했느냐가 중요한 것이다. 따라서 사람을 평가할 때는 재물이나 명예나 지식이나 권력보다도 더욱 사랑으로 그 사람을 평가해야 한다. 과연 나의 사랑의 한계는 어디 만큼인가? 자신만인가? 가족뿐인가? 이웃까지인가? 전인류를 사랑할 수 있는가?

그 사람의 됨됨이와 행복의 강도는 사랑의 온도로 헤아려지는 것이다. 당신의 사랑은 몇 도인가? 혹시 수은주가 영하로 뚝 떨어져 있는 것은 아닌가?

사랑 2

인간은 여름에는 몸을 시원하게 하고 겨울에는 따뜻하게 해야 건강하게 잘 보호할 수가 있다. 그래서 옷을 입는다. 그러나 옷만으로는 안 된다.

가장 소중한 것은 마음이다. 그런데 여름에는 시원하게 하고, 겨울에는 따뜻하게 하는 것이 바로 사랑이다. 사랑하면 아무리 추운 겨울이라도 추위를 느끼지 못한다. 무더운 여름철에도 사랑하는 사람과 함께라면 꼭 붙어 있어도 더운 것을 못 느낀다. 그런 점에서 사랑은 온도를 조절하는 자동조절 장치라고 할 수 있다.

지금 우리 사회가 북빙양처럼 느껴지는 것은 사랑이 없기 때문이다. 뭐뭐 때문에 사랑하는 조건적인 사랑이 아닌 그럼에도 불구하고 사랑하는 하나님의 무조건적인 절대적 사랑을 내가 먼저 실천해 보자

생각하기 나름

참 이상한 것은 다이어트를 하기 위해서 여러 끼를 굶을 때에는 배가 고파도 행복한데 돈이 없어 한 끼를 굶을 때에는 불행을 느낀다.

생각하기에 따라 이렇게 다른 것이다. 돈만 해도 그렇다. 은행에 많은 돈을 저축한 분들은 호주머니에 돈이 없어도 어디를 가나 기가 죽거나 비굴하지 않지만 가난한 사람들은 호주머니에 돈이 있어도 어디를 가나 자신이 없다.

남이 조금만 이상한 말을 해도 무시한다고 오해한다. 성도들은 다하늘나라에 많은 것을 저축한 사람들이다. 그러므로 세상 사람들의 눈초리나 비웃음쯤은 그냥 허허 웃고 넘기자. 그들의 어리석은 판단이나 구설에 따라 세상 사람들처럼 비굴하게 살지 말자. 하늘나라의 왕손답게 떳떳하게 그리고 기쁨으로 살자.

쉬쉬 문화

우리는 어려서 아기들에게 오줌을 가려주기 위해 요강을 가져다 놓고 '쉬쉬'하는 어른들의 소리를 들으며 커왔다.

빨리 오줌을 가리게 하려는 어른들의 배려(?)였었겠지만 아기 입장에서는 곤혹스러울 수도 있다. 마렵지도 않은 오줌을 억지로 쉬쉬하면서 찔끔찔끔 지리기라도 해야만 했으니까.

그런데 이것이 목적을 달리해서 어른이 되어서는 저질러 놓고도 쉬쉬하면서 숨기는 문화로 자리 잡게 된 것이다. 인천의 북구청에서 그러더니 부천에서 쉬쉬하다가 쉬쉬 문화에 익숙지 못한 사람들에게 들키고 말았다.

화장실도 따로 생겼으니 이제는 그만 쉬쉬하면서 숨기고, 부끄러운 것을 밝히는 것이 좋을 것이다. 국민의 눈은 무섭다. 그런데 국민의 눈보다 더 무서운 하나님의 눈이 보고 계시기 때문이다.

시선

세상의 모든 것은 입장에 따라 그 보는 시선에 따라 여러 가지로 보인다.

물구나무서기를 해서 세상을 보면 모든 것이 거꾸로 보이고, 한쪽 발을 들고 삐딱하게 보면 세상만사가 다 삐딱하게 보인다. 그러나 똑바로 서서 보면 모든 것이 다 똑바로 보인다. 그러기에 어떤 시선으로 보느냐가 중요하다.

하나님을 믿는 사람은 모든 것을 그 신앙의 눈으로 보기 때문에 좋은 일이 생기면 하나님의 은혜로 알고 감사하고 나쁜 일이 생기면 하나님이 주시는 시련으로 알고, 참고 기다린다.

그러나 꼭 같은 교인이라도 하나님의 주권과 섭리를 믿는 절대신앙을 가진 사람과 그것을 믿지 않는 상대적 신앙을 가진 사람은 그 시선이 다르다.

놀라운 것은 이 시선의 차이는 교양과 지식이나 직위의 차이에 관계없다는 점이다. 그러기에 우리 믿는 성도들은 모든 것을 성경의 관점에서 하나님의 눈으로 보아야 한다.

아내의 지혜

내가 오늘의 자리에 있을 수 있게 된 것은 순전히 아내의 희생과 지혜 때문이다.

가난을 극복하는 살림살이의 지혜는 물론, 그 복잡한 친척간의 관계에서도 항상 부드럽게 지나갈 수 있었던 것 역시 아내의 지혜 때문이다. 무엇보다도 문제가 생길 때마다 참고 견디는 그 지혜는 눈물겹기만 하다. 사실 목회생활이란 신앙과 열심만으로 되는 것은 아니기 때문에 때때로 아내의 이런 눈물겨운 지혜가 필요하다.

더욱이 목회자 아내가 당하는 외로움을 그냥 아픔으로만 삭이지 않고 인내하고 여과하여 글로 승화시켜 같은 외로움과 아픔 속에 있는 다른 사모들과 함께 나누는 지혜는 너무도 놀랍다.

그래서 나는 나의 아내를 사랑하고, 또 아내의 지혜를 아끼고 사랑한다.

아디아포라

이래도 좋고 저래도 좋은 아주 작은 것을 아디아포라라고 부른다.

그러나 초대교회 때도 그렇고 중세 때도 교회 안에 크게 문제가 된 것은 큰 문제가 아니라 아디아포라였다. 이것은 오늘날도 마찬가지이다. 참으로 중요한 것, 보다 근본적으로 중요한 문제는 무시하고, 아무것도 아닌 작은 것에 집착하는 편견은 버려야 교회도 성장하고 성도들 개인도 성장한다.

고속도로를 내기 위해서는 때로 꽤 쓸 만한 가옥이나 전답도 무너뜨려야 한다. 좋은 나무로 기르기 위해서는 조경사의 뜻에 따라 아까운 가지들도 전지되어야 한다. 우리는 너무 자주 나무는 보면서 숲은 보지 못하는 과오를 범하고 있다.

우리는 숲을 볼 수 있는 혜안을 가져야 한다. 물론 이것은 작은 것이 중요치 않다는 뜻은 아니다. 작은 것에 집착한 나머지 큰 것을 못 보는 과오를 범치 말아야 한다는 뜻이다.

나무도 보고 숲도 볼 수 있다면 얼마나 좋으랴. 이런 지혜를 구하자

역사의 흐름

철이 난다는 것은 역사의 흐름을 이해하게 된다는 뜻이다. 역사의 흐름에는 적어도 다섯 가지의 특징이 있다.

첫째로 모든 사실이 밝혀진다는 것이다.

둘째로 모든 역사에는 반드시 종말이 있고, 그 종말은 내적인 부패에서 시작된다는 점이다.

셋째로 모든 역사에는 의미가 있다는 것이고,

넷째로 악은 단기간의 성공을 거두지만 장기간의 성공은 선과 의만이 이룬다는 것이다.

다섯째로 불의를 청소하는 걸레는 더러운 걸레를 사용하는 경우가 많다는 점이다.

그런데 이런 역사의 흐름 속에서 우리가 어떤 존재로 기억되느냐 하는 것은 오직 역사의 주인이신 하나님께 어떻게 쓰임 받느냐에 달려있다.

오늘

　이미 지나간 과거는 아무도 어쩔 수 없는 역사 속에 묻힌 영원의 일부이며 내일은 하나님만이 결정할 수 있는 가능성일 뿐인 것이다.

　내일은 하나님이 주셔야 내 것이 될 수 있는 것이기 때문이다. 그러나 오늘만은 나만이 주장할 수 있는 공간이다. 문제는 여기에는 책임이 따른다는 사실이다. 왜냐하면 우리의 시간의 주인은 하나님이시고 결국 인간은 어쩔 수 없는 시간의 청지기이기 때문이다.

　청지기는 관리자일 뿐이다. 그러므로 우리는 내게 오늘을 주신 분의 영광만을 위해 살아가야 하는 것이다.

오자(誤字)

　본 칼럼을 쓰면서 여러 번 오자가 생겨 글을 쓰지 말까 하는 생각을 해 보았다. 그런데 이 오자가 생기는 데는 여러 가지의 이유가 있다.

　첫째는 필자 자신이 바쁘다 보니 교정을 바로 못해서 생겨지는 경우이고,

　둘째는 신문사측에서 원고와 달리 오자를 내는 경우가 있다. 이유야 어쨌든 오자는 오해를 불러일으키는 것이기 때문에 독자들에게 큰 실례가 되는 것이다.

　한창 젊은 시절에는 매년 두 권 이상의 책을 썼다. 열심히 교정도 보았지만 역시 출판사측에서는 크게 관심을 가져 주지 않았다. 그래서 이십여 권을 낸 후에는 책 쓰는 것을 중지하고 말았다.

도무지 이 오자를 막을 수가 없어서였다. 오자를 안 내는 방법은 글을 안 쓰는 방법밖에는 없었기 때문이었다. 그런데도 계속해서 글을 써야 하니 내 인생이 오자인생이 안 될지 걱정이다.

참는 것

인생의 성공에 가장 중요한 것이 무엇이냐고 묻는다면 많은 것을 말할 것이다. 지혜, 능력, 기회, 건강, 비전, 성실, 근면 등.

그러나 어느 경우든 참는 것을 뺀다면 안 된다. 결국 마지막 열쇠는 참는 것에 있기 때문이다. 무엇보다도 목회에서 참는 것은 절대적이다. 나는 참지 못해서 많은 실패를 했지만 그 실패 속에서 배운 것은 참아야 한다는 아주 단순한 진리이다.

그런데 참는 힘은 십자가의 주님을 바라볼 때요 기도할 때에 나온다. "인내의 맛은 쓰다. 그러나 그 열매는 달다."는 익숙한 격언 속에 담긴 진리를 기억하자.

"성도들의 믿음과 인내가 여기 있느니라"(계13:10). 인생의 성공을 위해서도, 그리고 그날이 가까울수록 우리에게 진정 필요한 것은 인내, 참는 것이다.

행복은?

많은 사람들이 행복을 슈퍼마켓에서 살 수 있다고 생각한다.

그러나 실제로는 그렇지 않지 않은가? 또 어떤 사람들은 인물이 좋아야 행복하다고 생각한다. 그렇다면 모든 미인은 다 행복해야하지 않는가? 그러나 그렇지 않은 것이 사실이다. 참으로 행복은 안에서 창조되는 것이다. 사랑할 때 그 결과로 주어지는 것이고, 섬길 때 부산물로 주어지는 것이며, 믿을 때 선물로 주시는 것이다.

외로울 때

인간에게는 여러 가지 종류의 외로움이 있다. 가족이 없는 고아의 외로움에서부터 친구가 없는 외로움과 연인이 없는 외로움은 물론 남들이 보기엔 부족함이 없어 보이는데도 인간의 근본적인 외로움이 있다.

이 외로움을 없애는 방법으로는 첫째로 학문이나 예술이나 사업 같은 어떤 일에 몰두하여 자신을 바쁘게 하는 방법이 있고, 둘째는 올바른 방법은 아니지만 아편이나 도박이나 쾌락적인 것들을 통해서 외로움을 잊어버리는 방법이 있다.

그러나 참된 방법은 하나님을 찾는 것이다. 왜냐하면 하나님께서 인간을 지을 때 하나님만이 채워줄 수 있는 공간을 두셨기 때문이다. 그래서 인간의 근본적 외로움은 신앙을 통해서만 극복할 수 있다.

건망증

나이를 먹으면 건망증세가 생긴다. 그러나 인간은 나이에 관계없이 근본적으로 자신이 하나님으로부터 창조되었으며 모든 것이 하나님의 은혜라는 것을 곧잘 잊고 사는 건망증이 있다.

더욱이 하나님 안에만 참 행복이 있고, 오직 주 안에 있을 때에만 많은 열매를 맺는다는 것을 잊는 건망증이 있다. 참으로 잊어야 할 것은 안 잊고 잊지 말아야 할 것은 잊고 사는데 문제가 있는 것이다.

결혼하면?

사람은 결혼하면 괴롭고 안 하면 외롭다.

결혼은 해도 후회하고, 안 해도 후회한다. 사람은 이 괴로움과 외로움 속에서 어떤 것을 택하느냐에 따라 자신의 행로를 택하게 된다. 요즈음은 싱글(미혼자)들이 점점 많아져 가는 추세이다.

그러나 나의 생각으로는 결혼하는 것이 좋다고 본다. 결혼을 잘하면 행복해질 것이고, 잘못하면 철이 날 것이기 때문이다. 결혼이란 갈등 속에서 사람은 성장한다.

혼자서야 성자가 아닌 사람이 어디 있으며 착하지 않은 사람이 어디 있는가? 그러므로 결혼 안 하고 후회하는 것보다 하고 후회하는 편이 낫다.

눈물을 주신 것 감사

나는 눈물샘 주머니에 이상이 생겨서 인공눈물을 두 시간에 한 번씩 넣어주어야만 했다.

깜박 잊어버릴 때면 눈이 가려워 상대방에게 오해를 주는 행동을 하여 죄송할 때가 많았다. 그런데 최근 언제인가부터 인공눈물 없이도 괜찮게 되었다. 불쌍한 사람들을 보면 눈물이 나고, 심지어 영화를 보다가도 다른 사람들은 아무렇지도 않은데 나는 혼자 곧잘 울면서부터 눈물이 많이 생기게 되었고, 눈물샘의 이상증세도 저절로 낫게 되었다.

결국 모든 문제의 근본은 슬픈 것을 보면서도 슬퍼할 줄 모르는 감정상실증에서 오는 것이 아닐까? 여린 마음만 생겨지면 끔찍한 범죄도 없어지고 사랑도 회복될 것으로 믿는다.

단 한 마디의 말이 갖는 힘

인간에게 큰 영향을 주는 것은 긴 말이 아니다.

단 한마디의 말이 우리의 삶을 변화시키고, 감동을 준다. 사실 긴 말은 쉽다. 생각나는 대로 하면 되기 때문이다. 그러나 긴 말의 내용을 함축하여 짧은 말로 표현하는 것은 많이 생각해야 하고, 먼저 내게 충분한 이해와 감동이 있어야 한다.

시인들이 삶의 문제를 끌어안고 가슴앓이를 하며 시어들을 자아내는 것과는 비교할 수 없겠지만 마음만은 시를 쓰는 사람은 심정으로 긴 말들을 애써 절제하고 다듬어서 써야 했기 때문이다.

리듬 있는 삶

음악에는 리듬과 하모니와 멜로디가 있어야 하듯이 우리의 삶에도 이 세 가지가 꼭 있어야 한다.

다른 사람들과의 하모니, 무엇보다도 하나님과 자연과의 하모니, 삶의 높고 낮음은 멜로디를 가지면 더욱 좋다. 무엇보다도 나는 리듬에 관심을 가진다.

주일성수는 철저할수록 좋다. 하나님이 우리들에게 사람의 리듬을 위해서 주신 법칙이기 때문이다. 하루의 생활은 새벽기도로 시작하여 저녁 기도로 하루를 마칠 때까지 거의가 기계적이다. 사람들은 누구나 바쁘다. 그렇기 때문에 우선순위를 통해서 할 것과 안할 것, 반드시 해야 할 것과 해도 좋고 안 해도 좋은 것을 구별하여 리듬 있는 삶을 추구해야 한다. 그래야 리듬과 하모니와 멜로디가 삼위일체를 이루는 아름답고 보람 있는 삶을 살 수 있다.

마음대로 할 수 없는 것

인간은 유한한 존재이기에 마음대로 할 수 없는 것이 많다. 그러나 그 중에서도 마음대로 할 수 없는 것 세 가지가 있다.

첫째는 죽고 사는 것을 마음대로 할 수 없다. 생명의 주인이 하나님이시기 때문이다.

둘째는 자식 농사는 마음대로 할 수 없다. 옛날에는 부모님에게 절대로 순종하던 때도 있었지만 지금은 개성을 존중하는 시대가 되어서인지 자식들이 좀 크면 제 마음대로 한다.

셋째로 남의 손 안에 있는 돈은 내 마음대로 안 된다. 그래서 부도가 나고 계획에 차질이 생기는 것이다. 누가 말했던가? 나는 내가 아무것도 모른다는 사실을 아는 것뿐이라고. 결국 사람은 자기 마음대로 할 수 없는 인간의 한계를 아는 것이 지혜이다.

병이 생기는 세 가지 이유

아담이 선악과를 따먹고 에덴동산에서 쫓겨난 후부터 시작된 병은 크게 세 가지의 이유로 생겨진다.

첫째는 피곤하기 때문이다. 그런데 이 피곤은 욕심에서 생기는 것이기 때문에 욕심을 버리는 것이 좋다.

둘째는 근심과 걱정 때문에 생겨진다. 이것도 욕심 때문이다.

셋째는 불필요한 곳, 가지 말아야 할 곳에 가면 병이 생긴다. 이것도 욕심 때문이다.

성경은 이것을 하나님이 가장 싫어하는 우상숭배라고 하였다. 욕심이 잉태한즉 죄를 낳고 죄가 장성한즉 사망을 낳는다.

빨리빨리의 철학

지난 번 삼풍백화점의 붕괴사건은 우리 국민의 근본적인 병인 빨리빨리 철학의 결과였다. 그런데 이 빨리빨리의 철학이 가장 잘 나타나는 것이 운전할 때이다.

성질이 느린 사람도 운전대에만 앉으면 푸른 신호가 나올 때까지 기다리지를 못한다. 그리고 식당에 가면 중국 사람들이나 불란서 사람들은 보통 두 시간씩 즐기면서 식사를 하지만 우리는 그러지를 못한다.

빨리빨리 한다. 돈도 빨리빨리 벌고, 집도 빨리빨리 짓고, 성공도 빨리빨리 하고, 그래서 자동차 사고도 세계에서 제일 빠르고, 교회의 성장도 세계에서 제일 빠르다.

그러나 이렇게 그저 빨리빨리 하다 보니 모든 것이 거품성장이 될 수 있다. 그러므로 이제는 안전제일의 철학도 배워야 할 때가 된 것 같다.

설마의 철학

이번에 유조선 씨 프린스호의 좌초는 만연된 '설마의 철학' 때문에 생겨진 결과이다.

지난번 삼풍백화점 붕괴사고도 마찬가지고. 설마가 사람을 잡는다는 말대로 '설마?' 하다가 많은 사람들이 생계를 잃게 되었다. 물론 기상예보가 틀릴 때도 없는 것은 아니지만 설마 칠월에 무슨 태풍인가 하는 무책임한 생각이 큰 사고를 낸 것이다.

이처럼 지금까지 대부분의 천재는 거의가 이런 인재의 결과였으며 그것은 바로 설마의 철학에서 비롯된 것을 볼 수 있다. 설마 무너지기야 할까 하고, 짧은 시일 내에 많은 집을 지으려고 하니까 대강대강 짓게 되고 그 결과 와우아파트부터 시작해서 오늘에 이르기까지 많은 대가를 지불한 것이다.

스트레스 해소법

인간의 대부분의 병은 스트레스에서 시작한다. 그래서 피곤은 그때그때 풀어야 하듯이 스트레스도 그때그때 해소해야 한다. 스트레스 해소법에는 크게 세 가지가 있다. 첫째는 누구나 할 수 있는 방법으로 여행을 하거나 가깝게는 집 주변을 거니는 것이 좋다.

둘째는 취미나 운동을 통해서 관심을 다른 데 돌리는 것이다.

세 번째는 하나님께 부르짖는 것이다. 자신의 모든 문제를 솔직하게 내어놓고 하나님께 부르짖으면 스트레스도 해소되지만, 더 중요한 것은 그 기도가 응답되어 스트레스를 받을 이유가 근본적으로 제거된다는 것이다.

가나다

러시아 다음으로 세계에서 두 번째로 큰 나라인 가나다는 인구 2천 7백만밖에 안 되는 나라이다. 임업과 어업과 광산업이 주업이고 자원이 무진장한 나라이기도 하다. 인구가 지금의 열 배가 산다 해도 괜찮을 나라인데도, 나라가 그 어느 나라보다도 환경에 대한 관심이 많은 것을 보면서 큰 감명을 받았다.

팔백 년이나 되는 나무부터 시작해서 아름드리 큰 나무들이 도시 주변의 많은 공원에 듬직하게 자리 잡고 있다. 그러면서도 공기가 더러워질까봐 전기를 이용해서 버스가 시내를 달린다든지, 일 년에 한 번씩 모든 차들이 배기량을 조사하여 환경을 위해 욕망을 자제하는 것은 흔히 볼 수 있는 현상이다.

가나다는 복지시설도 세계 제일이다. 그 대신 국민들이 내는 세금도 다른 나라보다 많다. 책임 없이 권리만 주장하는 것이 얼마나 잘못인가를 말해준다.

편하게 살려면

편하게 살려면 다음 세 가지를 피해야 한다.

첫째는 빚을 지지 말아야 한다. 왜냐하면 정말 견디기 힘든 것이 빚의 독촉이기 때문이다. 처음 빚을 얻어 쓸 때에는 그렇게 친절할 수가 없는데 일단 갚지 못하면 견디기 힘든 고통이 따른다.

다음에는 시리즈로 원고를 쓰지 말아야 한다. 세상에 글을 시리즈로 쓰는 사람 치고, 잠 잘 자는 사람이 없다. 원고가 조금만 날짜를 넘겼다 하면 기자들은 새벽이고 밤이고 가리지 않고 전화한다.

세 번째로 피할 것은 이권을 피해야 한다. 뛰는 놈 위에 나는 놈 있다는 말이 여기에 해당되는지는 모르지만 이권에는 반드시 함정이 있기 때문이다. 이 세 가지만 피해도 편하게 살 수 있다.

하나님의 침묵

신앙생활에서 가장 괴로운 것은 가난이나 질병이나 고난도 아니고, 핍박도 아니다. 하나님의 침묵이다.

"그래, 조금만 더 참아보라"고 말씀만이라도 하시면 어떤 시험 속에서도 우리는 참을 수 있겠는데 하나님은 때때로 우리에게 침묵하신다.

이것은 참으로 참기 어려운 일이다. 그러면 왜 하나님은 침묵하시는가? 확실히 하나님의 침묵은 그의 신비 중에 하나이다. 우리는 그 이유를 모른다. 그래서 괴롭다. 그렇지만 한 가지 분명한 것은 하나님의 침묵은 그가 주무시거나 우리에게 무관심하시거나 무능해서가 아니라는 사실이다.

하나님의 침묵은 그의 뜻을 이루어 가시는 섭리이다. 그러므로 우리는 때때로 하나님께서 침묵하시는 안타까운 때에라도, 그때에도 역사와 인류의 생사화복을 친히 섭리하고 계심을 믿고, 결국 하나님을 사랑하는 자는 모든 것이 합력하여 선을 이루심을 믿음으로 감사하며 인내를 배워가자.

화가 날 때

아무리 인격이 수양된 사람이라도 화가 날 때가 있다.

부부간에 화가 날 때도 있고, 자녀들에게 화가 날 때도 있고, 직장에서 화가 날 때가 있고, 심지어 자신에게 화가 날 때도 있다. 화가 날 때에 우리는 어떻게 이것을 극복할 것인가?

쉬운 방법으로는 다른 것에 나의 시선을 옮겨보는 것이다. 인간은 보는 대로 생각하기 때문에 안 보면 잊게 된다. 두 번째 방법은 가슴에 묻어두지 않고, 밖으로 표현하는 것이다. 자칫하면 한계를 벗어날 위험성도 있지만, 속에서 곪아 썩는 것보다는 솔직하게 말하고 푸는 것이 더 좋다.

그러나 가장 좋은 방법은 용서하고 잊는 것이다. 나의 더 큰 잘못을 주님이 아무 대가 없이 용서한 것을 생각하면, 그리고 내게는 얄미운 그 형제의 죄 사함을 위해서도 주님께서 보혈을 흘리셨다고 생각하면 다른 사람들의 작은 실수는 얼마든지 용서할 수 있기 때문이다.

환경은 사람을 만든다

환경을 만드는 것은 사람이지만 일단 환경이 만들어지면 그 환경은 사람들을 만들어간다. 환경에는 자연환경과 사회환경이 있다. 자연환경은 제일의 성품을 만들지만 사회환경은 제이의 성품을 만들어간다.

사회환경 중에서 중요한 것은 교육환경이다. 오늘날의 문제점은 바로 교육환경이 잘못된 데서 비롯된다. 맹자의 어머니가 아들의 교육환경을 위해서 이사를 세 번이나 간 것처럼 자녀를 위해서 교육환경을 바로 택해야 성공한다.

허공을 치는 삶

많은 사람들은 진정으로 인생을 행복하게 하는 것이 무엇인지를 모르고 살고 있다. 참으로 인생을 행복하게 하는 것은 돈도 아니고 자식도 아니고 직위도 아니다. 인생을 행복하게 하는 것은 자신이 하는 일에 보람을 느끼고 남에게 많은 것을 줄 수 있는 삶이다.

그런데 많은 것을 줄 수 있는 사람은 많이 가진 사람보다는 가진 게 없는 사람인 경우가 더 많다. 있는 사람들은 가진 것을 유지하기 위하여 시간을 보내며 아까워 하지만 없는 사람은 자신의 없는 아픔을 알기에 '그까짓 것'하고 눈 딱 감고 써버린다.

우리 인생에 허공을 치지 않으려면 자신이 왜 태어났는지 그 뜻을 깨닫고 그 목적에 따라 사는 사명자의 삶이다.

행복은?

많은 사람들이 행복을 슈퍼마켓에서 살 수 있다고 생각한다.

그러나 실제로는 그렇지 않지 않은가? 또 어떤 사람들은 인물이 좋아야 행복하다고 생각한다. 그렇다면 모든 미인은 다 행복해야하지 않는가? 그러나 그렇지 않은 것이 사실이다. 참으로 행복은 안에서 창조되는 것이다. 사랑할 때 그 결과로 주어지는 것이고, 섬길 때 부산물로 주어지는 것이며, 믿을 때 선물로 주시는 것이다.

우유 먹는 믿음

나는 우유를 마시면서 설사를 잘하기 때문에 잘 마시지 않았다. 그러던 어느 날 어떤 분으로부터 "목사님, 믿음이 없어 그렇지요" 하는 말을 듣고부터 나는 큰 충격을 받아 기도를 하였다.

"주여, 우유를 먹고도 설사를 않도록 해주시옵소서. 우유를 먹고도 소화해 낼 수 있다는 믿음을 주시옵소서."

아이 같은 기도지만 나는 심각하고 간절하게 기도하였다. 그 후, 몇 번의 실험을 했지만 아무 이상이 없었다. 이제는 우유가 없어서 못 마시지 우유를 마시고도, 심지어 찬 우유를 마시고도 설사를 하지 않는다.

심리적인 것이 이렇게 중요한 것이다. 평소에는 잘 나오지 않던 우유소화제가 믿음으로 먹으니 나온다는 말이다. 그래서 지혜자는 "사람의 심령은 그 병을 능히 이기려니와 심령이 상하면 그것을 누가 일으키겠느냐(견디겠느냐)"(잠18:14)라고 했다. 믿음으로 모든 어려움을 이겨내 보자.

직업

이 세상에는 만 가지가 넘는 직업이 있다. 원칙적으로 직업에는 귀천이 없다. 그러나 실제로는 많이 있다. 남에게 해를 주는 직업이나 윤리적으로 용납할 수 없는 직업도 있기 때문이다.

직업이란 하나님의 부르심(calling)이다. 직업은 이웃을 돕고 문화를 창조하는 최선의 방법이기 때문이다. 좋은 직업을 택하려면 두 가지를 유의해야 한다. 하나는 내 취미나 달란트가 있느냐는 것이고, 더 중요한 것은 이것이 내가 이 세상에 사는 목적과 부합되느냐 하는 것과 하나님께 얼마나 영광이 되며 남에게 얼마나 봉사를 할 수 있느냐이다.

촌놈의 변

나는 촌놈이다. 그래서 생각도 촌놈처럼 하고, 생활도 촌놈처럼 한다. 음식을 먹을 때에도 촌놈처럼 된장찌개와 김치가 있어야 한다. 점심때에는 칼국수가 좋고 저녁에는 김치찌개가 좋다.

내가 미국에 있을 때에 영주권을 주겠다고 했지만 거절하고 한국에 온 것도 송충이는 솔잎을 먹어야 하듯이 나는 촌놈처럼 살아야 한다는 이유에서였다.

촌놈에게서 없어서는 안 될 것은 자연과의 사랑과 조화이다. 그런데 오늘날 공해가 많은 것은 자연을 착취하고 개발한다는 데서 온 것이다. 나라가 어지러운 것도 촌놈들이 적어지기 때문이다.

성경 66권 핵심강해 설교

2023년 2월 20일 1판 1쇄 인쇄
2023년 2월 25일 1판 1쇄 발행
저   자 신성종
발행자 심혁창
마케팅 정기영
디자인 박성덕
교   열 송재덕
인   쇄 김영배
펴낸곳 도서출판 한글

우편 04116
서울특별시·마포구 신촌로 270(아현동)
수창빌딩 903호

☎ 02-363-0301 / FAX 362-8635
E-mail : simsazang@daum.net
창   업 1980. 2. 20.
이전신고 제2018-000182

* 파본은 교환해 드립니다
* 정가 20,000원
*

ISBN 97889-7073-621-1-93230